Mara-Sophie Lück

Rauhnächte:

FINDE
DICH
SELBST

Inkl. Tipps, magischen Ritualen und
Anweisungen für deine Rauhnacht-Reise:
für eine spürbare Transformation und
mehr Selbstliebe in 12 Nächten

Inhaltsverzeichnis

EINLEITUNG

Die Reise zu dir selbst – Dein ganz persönliches Interview

Stell dir vor, du sitzt an einem kalten Winterabend gemütlich eingekuschelt auf dem Sofa. Draußen tanzen die Schneeflocken, während drinnen die Kerzen ein sanftes Licht verbreiten. Es ist still, die Hektik des Alltags liegt hinter dir. Dieser Moment gehört nur dir. Und jetzt stell dir vor, du bekommst die Möglichkeit, ein ganz besonderes Gespräch zu führen – ein Interview mit dir selbst. Kein oberflächlicher Smalltalk, keine belanglosen Fragen. Nein, es geht um die wirklich wichtigen Dinge. Um deine Wünsche, Träume und die Visionen, die tief in dir schlummern. Willkommen in den **12 Rauhnächten!**

Aber Moment mal, was sind eigentlich diese Rauhnächte, von denen man immer wieder hört? Klingt irgendwie geheimnisvoll, oder? Fast schon mystisch. Tatsächlich steckt dahinter eine jahrhundertealte Tradition, die heute mehr denn je als Chance genutzt werden kann, um innezuhalten, das alte Jahr zu verabschieden und sich voller Klarheit auf das neue Jahr vorzubereiten. Also keine Angst, es gibt weder Geister noch gespenstige Rituale – es sei denn, du willst dir selbst ein paar neue Rituale schaffen (wovon ich übrigens ein großer Fan bin).

WAS SIND DIE RAUHNÄCHTE EIGENTLICH?

Die **Rauhnächte** sind die magische Zeit zwischen Weihnachten und dem Heilige Drei Könige Tag. Es sind genau zwölf Nächte, die als **Schwellenzeit** gelten – eine Zeit „zwischen den Jahren", in der sich die Tür zwischen Vergangenheit und Zukunft, zwischen der sichtbaren und der unsichtbaren Welt, ein Stück weit öffnet. Früher glaubte man, dass in diesen Nächten die Seelen der Verstorbenen umherwanderten und die Götter Entscheidungen für das kommende Jahr trafen. Na, da sind wir heute etwas entspannter, aber der Grundgedanke ist geblieben: Diese zwölf Nächte stehen symbolisch für die zwölf Monate des kommenden Jahres.

Was bedeutet das konkret? Ganz einfach: Jede Nacht ist eine Art Fenster in einen Monat des neuen Jahres. Die Rauhnächte bieten dir die Möglichkeit, zu reflektieren, loszulassen, zu träumen und neu zu starten. Und genau hier kommt der Gedanke ins Spiel, dass du in dieser besonderen Zeit ein Interview mit dir selbst führst.

WARUM EIN INTERVIEW MIT DIR SELBST?

Jetzt fragst du dich vielleicht: „Ein Interview mit mir selbst? Klingt irgendwie seltsam!" Aber denke mal einen Moment darüber nach: Wann hast du dir das letzte Mal wirklich Zeit genommen, um mit dir selbst ins Gespräch zu kommen? Ich meine, so richtig? Nicht nur dieses „Was zieh ich heute an?" oder „Warum habe ich das gesagt?" – sondern tiefgründige, echte Fragen. Fragen, die dich zum Kern deiner Wünsche und Träume führen. Denn sind wir ehrlich: Im Alltag haben wir oft keine Zeit oder Muße, uns wirklich mit uns selbst auseinanderzusetzen. Aber in den Rauhnächten ist alles ein bisschen anders.

Stell dir vor, du wärst dein eigener Moderator, der charmant, neugierig und ohne Vorurteile die wirklich wichtigen Fragen stellt. Fragen, die dir helfen, herauszufinden, wo du stehst, wohin du möchtest und was du brauchst, um deine Träume zu verwirklichen.

Fragen, die dich herausfordern, dir selbst ehrlich zu begegnen, aber auch zum Lächeln bringen. Und genau darum geht es in diesem Buch: Es ist dein ganz persönlicher Raum, um dein Leben zu reflektieren, zu planen und zu gestalten. Ein Raum, in dem du zur Ruhe kommst und gleichzeitig den Mut findest, größer zu träumen.

DIE MAGISCHE ENERGIE DER RAUHNÄCHTE

Die Rauhnächte bieten eine ganz besondere Energie, die du für dich nutzen kannst. Traditionell wurden in dieser Zeit Rituale durchgeführt, um Altes loszulassen und das kommende Jahr zu segnen. Heute geht es weniger um den Glauben an übernatürliche Mächte, sondern vielmehr darum, **die Energie des Übergangs** bewusst zu erleben.

Diese zwölf Nächte sind ein Geschenk – eine Einladung, dich mit deinen tiefsten Wünschen auseinanderzusetzen, dir Klarheit über deine Ziele zu verschaffen und loszulassen, was dich belastet. Vielleicht gibt es Angewohnheiten, die du hinter dir lassen möchtest, oder Beziehungen, die dir nicht mehr guttun. Vielleicht ist es an der Zeit, einen alten Traum wieder zu beleben oder etwas Neues auszuprobieren, das dich reizt, aber auch ein wenig Angst macht. Die Rauhnächte helfen dir, all das in dir zu entdecken.

WIE DU DIE RAUHNÄCHTE FÜR DICH NUTZEN KANNST

Du kannst dir die Rauhnächte als eine Art emotionalen Detox vorstellen – eine Reise zu dir selbst, bei der du Ballast abwirfst und den Raum in dir schaffst, um dich zu entfalten. Jede Nacht ist eine Gelegenheit, dich auf das kommende Jahr vorzubereiten, indem du für jeden Monat eine Art energetische Grundlage legst.

Und wie funktioniert das? Nun, in jeder Rauhnacht widmen wir uns einem bestimmten Thema. Diese Themen reichen von Loslassen und Bereinigung bis hin zu Wünschen und Manifestationen. Jedes Kapitel dieses Buches führt dich durch eine Nacht, gibt dir

Inspirationen, Rituale und Fragen, die dich tiefer zu dir selbst führen. Das Ziel ist es, dass du am Ende der Rauhnächte nicht nur Klarheit über deine Ziele für das neue Jahr hast, sondern auch ein tiefes Gefühl der Verbindung zu dir selbst.

DIE BEDEUTUNG VON WÜNSCHEN, VISIONEN UND TRÄUMEN

Eine der schönsten Seiten der Rauhnächte ist, dass du nicht nur reflektierst, was war, sondern dich auch bewusst auf das ausrichtest, was du möchtest. **Was sind deine Träume für das nächste Jahr? Welche Wünsche hast du für dein Leben?** Die Rauhnächte sind wie eine leere Leinwand, auf der du deine Vision für das kommende Jahr malen kannst. Es ist der Moment, in dem du dich fragst: **„Was will ich wirklich?"** Und dann beginnst du, diese Antwort zu leben.

Vielleicht willst du einen neuen Job, vielleicht eine tiefere Verbindung zu dir selbst, vielleicht mehr Abenteuer oder du suchst die große Liebe. Was es auch ist: die Rauhnächte bieten dir die Zeit und den Raum, um diese Wünsche klar zu formulieren und energetisch zu „setzen". Und hier kommt auch ein bisschen Magie ins Spiel: Es geht nicht nur darum, die Ziele zu benennen, sondern auch darum, den Glauben an sie zu kultivieren – die innere Sicherheit, dass du sie erreichen kannst.

DIE VERBINDUNG VON VERGANGENHEIT UND ZUKUNFT

In den Rauhnächten verschmelzen Vergangenheit und Zukunft. Du schaust zurück, um zu verstehen, was dich geprägt hat, aber du schaust auch nach vorn, um zu entscheiden, wohin du gehen möchtest. Und hier ist das Besondere: Du musst nicht perfekt sein. Du musst keine fertigen Antworten haben. Diese Zeit ist dazu da, die Fragen zu stellen, die dich weiterbringen – und es ist völlig in Ordnung, wenn die Antworten nicht sofort kommen. Manchmal ist es der Prozess des Fragens, der uns schon näher zu uns selbst bringt. Und wenn du am Ende dieser zwölf Nächte zurückblickst, wirst du sehen, dass du nicht mehr die gleiche Person bist, die du zu Beginn der Reise warst. Du wirst eine klarere Vision für deine Zukunft haben, eine stärkere Verbindung zu deinem wahren Selbst und den Mut, deinen Weg zu gehen.

Dieses Buch stellt dir 111 Fragen, um dich selbst, deine Zukunft und deine Wünsche tiefgründig zu erkunden. Jede der 12 Rauhnächte stellt dir 9 Reflexionsfragen – das sind in der Summe 108 Fragen. Es fehlen also drei Fragen.

Die drei wichtigsten Fragen stelle ich dir jetzt sofort und du wirst wahrscheinlich länger als mit dem Lesen dieses Buches damit beschäftigt sein, sie zu beantworten. Manchmal ist das eine Lebensaufgabe. Präge sie dir gut ein – sie werden dich von nun an begleiten:

Die drei grundlegendsten Fragen, die man sich selbst im Leben stellen sollte, sind:

1. WER BIN ICH WIRKLICH?
Diese Frage führt tief in dein Inneres. Sie lädt dich ein, dich selbst jenseits von Rollen, Titeln oder Erwartungen anderer zu erkunden. Es geht darum, dein wahres Selbst zu erkennen – deine Werte, Stärken, Schwächen, Wünsche und Ängste. Wer bist du, wenn du ganz bei dir bist, ohne äußeren Druck?

2. WAS WILL ICH WIRKLICH?
Diese Frage bringt Klarheit über deine wahren Sehnsüchte und Lebensziele. Sie hilft dir zu verstehen, was dich antreibt, was dich erfüllt und was dich wirklich glücklich macht. Oft leben wir nach den Erwartungen anderer oder den Vorgaben der Gesellschaft, aber diese Frage fordert dich auf, tief in dich hineinzuhorchen und herauszufinden, was du vom Leben möchtest.

3. WIE KANN ICH EIN ERFÜLLTES UND SINNVOLLES LEBEN FÜHREN?

Diese Frage richtet den Fokus darauf, wie du dein Leben in Übereinstimmung mit deinen Werten und Träumen gestalten kannst. Sie ermutigt dich, nach einem Leben zu streben, das nicht nur erfolgreich, sondern auch sinnvoll ist. Was hinterlässt Spuren in der Welt und bringt dir selbst tiefe Zufriedenheit?

Also, mach es dir gemütlich, zünde, wenn du magst, eine Kerze an, schnappe dir dein Tagebuch und lass uns gemeinsam auf diese magische Reise gehen. Alles, was du dafür brauchst, ist ein wenig Zeit für dich selbst, die Bereitschaft, auf dein Herz zu hören, und die Neugier, dich auf diese Reise zu dir selbst einzulassen.

WAS DU BRAUCHST:

DEINE BEGLEITER FÜR DIE RAUHNÄCHTE

Bevor wir gemeinsam in die erste Rauhnacht eintauchen, gibt es ein paar Dinge, die dir auf deiner Reise durch diese Zeit helfen können. Du brauchst nicht viel – nur ein paar Utensilien, die dich dabei unterstützen, die Rituale und Reflexionen bewusst zu gestalten:

✦ **Räucherwerk:** Um den Raum von alten Energien zu befreien, kannst du Räucherkohle, Räucherstäbchen, eine Räucherlampe oder Smudge Sticks verwenden. Räucherbündel oder Smudge Sticks sind getrocknete Kräuter, die zu einem Bündel zusammengeschnürt sind. Das Räuchern schafft Klarheit und hilft dir, dich zu fokussieren.

Kräuter oder Duftkerzen, die sich dafür eignen und in diesem Buch auftauchen: Salbei, Weihrauch, Beifuß, Lavendel, Rosenblätter/-blüten, Vanille, Sandelholz, Rosmarin

✦ **Kerzen:** Kerzen stehen symbolisch für das Licht, das in dir leuchtet. Sie schaffen eine ruhige, warme Atmosphäre und begleiten dich durch die Dunkelheit dieser Zeit. Am besten, du besorgst helle und dunkle Kerzen, eine weiße, schwarze, hellblaue und goldene/gelbe Kerze

✦ **Eine feuerfeste Schale:** Wenn du deine Wünsche verbrennst, gehe bitte kein Risiko ein und verbrenne das Papier nur in einer sicheren Umgebung und in einer feuerfesten Schale (auf eigene Gefahr).

✦ **Notizbuch oder Tagebuch:** In deinem Journal kannst du deine Gedanken, Wünsche und Erkenntnisse festhalten. Es wird dein Begleiter sein, der dir hilft, Klarheit zu gewinnen und deine Träume zu manifestieren.

✦ **Stifte:** Ein schöner Stift, der gut in der Hand liegt, macht das Schreiben zu einem besonderen Moment. Nutze diesen, um deine Gedanken fließen zu lassen.

✦ **Kristalle oder Steine:** Steine wie Rosenquarz oder Amethyst können dich bei den Meditationen unterstützen und energetisch ausbalancieren.

✦ **Ätherische Öle:** Düfte wie Lavendel oder Zypresse können helfen, die Stimmung zu heben und Entspannung zu fördern.

✦ **Eine ruhige Ecke:** Finde einen Ort, an dem du dich wohlfühlst. Ob im Wohnzimmer oder im Schlafzimmer – es sollte ein Ort sein, an dem du zur Ruhe kommen kannst.

Diese Dinge sind dein Werkzeug, um die Rauhnächte bewusst zu erleben. Wähle das aus, was dich anspricht, und lasse deine Intuition leiten. Manchmal sind es die kleinen Dinge, die eine große Wirkung haben. Das Räuchern ist keine Pflicht. Nicht jeder mag den Qualm oder hat Respekt vor glühenden Dingen in der Wohnung. Gestalte deine Rauhnächte, wie es dir gefällt.

DAS RITUAL DER 13 WÜNSCHE:

EIN MAGISCHER WEG INS NEUE JAHR

Nimm dir vor Weihnachten einen Stift und einen Stapel kleiner Papierzettel zur Hand. Vor dir sollte eine leere Seite liegen, bereit für deine Wünsche – nicht nur die oberflächlichen, sondern die, die wirklich aus deinem Herzen kommen. Das Ritual der 13 Wünsche ist ein kraftvoller und zugleich simpler Weg, deine tiefsten Sehnsüchte zu manifestieren und dem Universum zu übergeben. Es ist ein alter Brauch, der während der Rauhnächte praktiziert wird, um die eigenen Träume in die Hände des Universums zu legen und voller Vertrauen zu wissen, dass sie im kommenden Jahr in Erfüllung gehen.

WIE FUNKTIONIERT DAS RITUAL DER 13 WÜNSCHE?

Der erste Schritt besteht darin, dir bis zum 23. Dezember Zeit zu nehmen, um 13 Herzenswünsche aufzuschreiben. Nimm dir wirklich den Moment, in die Stille zu gehen und dich zu fragen: Was will ich wirklich? Was sind die Wünsche, die tief in dir schlummern und sich nach Erfüllung sehnen? Ob es um Gesundheit, Liebe, berufliche Erfüllung oder persönliche Weiterentwicklung geht – das Wichtigste ist, dass deine Wünsche authentisch sind und aus deinem tiefsten Inneren kommen.

5 TIPPS, UM DEINE WÜNSCHE KLAR ZU FORMULIEREN

1. **Schreibe positiv:** Achte darauf, deine Wünsche immer positiv zu formulieren. Das Universum versteht keine Verneinungen! Statt „Ich will nicht mehr gestresst sein" schreibst du: „Ich wünsche mir innere Ruhe und Gelassenheit."

2. **Sei konkret:** Wünsche sollten so klar und präzise wie möglich sein. Anstatt „Ich will Erfolg" wähle lieber „Ich wünsche mir Erfolg in meinem Beruf als xy, der mich morgens, wenn ich aufstehe, erfüllt und mir ein Lächeln ins Gesicht zaubert."

3. **Formuliere in der Gegenwartsform:** Schreibe deine Wünsche so, als wären sie bereits Realität. So erzeugst du das Gefühl, dass sie schon Teil deines Lebens sind. Beispiel: „Ich lebe in einer liebevollen und harmonischen Beziehung."

4. **Fühle den Wunsch:** Schreibe deine Wünsche so, dass sie Emotionen auslösen. Stelle dir vor, wie du dich fühlen wirst, wenn sie in Erfüllung gehen. Ein Wunsch mit tiefer emotionaler Resonanz wird kraftvoller vom Universum empfangen.

5. **Vermeide „vielleicht" oder „hoffentlich":** Wünsche sollten entschlossen und mit Überzeugung formuliert sein. Statt „Ich hoffe, dass ich gesund bleibe" sagst du: „Ich bin gesund und vital."

Mit diesen Tipps machst du deine Wünsche klar und kraftvoll, so-dass das Universum sie leichter aufnehmen und erfüllen kann.

Du schreibst jeden Wunsch auf einen kleinen Zettel, ohne ihn zu nummerieren oder zu bewerten. Kein Wunsch ist zu groß oder zu klein. Dann faltest du die Zettel so, dass du den Text nicht mehr sehen kannst und sammelst sie in einer Schale oder Box. Diese Schale bewahrst du bis zur ersten Rauhnacht am 25. Dezember auf – denn ab da beginnt die eigentliche Magie.

DAS RITUAL WÄHREND DER RAUHNÄCHTE

Während jeder der zwölf Rauhnächte, beginnend mit der ers-ten Nacht, manifestierst und ziehst du jeden Abend einen dieser Zettel, ohne zu wissen, welcher Wunsch darauf steht. Es ist, als würdest du dein Herz und deine Wünsche dem Universum anver-trauen. Du gehst an einen ruhigen Ort, machst es dir gemütlich und zündest eine Kerze an. Dann verbrennst du den gezogenen Wunschzettel achtsam in einer feuerfesten Schale und lässt ihn in Rauch aufgehen.

Dieses Ritual symbolisiert das Loslassen. Indem du den Wunsch verbrennst, übergibst du ihn dem Universum – voller Vertrauen, dass er im neuen Jahr seinen Weg zu dir finden wird. Die Asche des Zettels kannst du im Wind verstreuen, als Symbol dafür, dass du den Wunsch freigibst und ihm erlaubst, sich zu erfüllen.

DER 13. WUNSCH – ERFÜLLUNG DURCH DICH

Nach den zwölf Nächten bleibt ein letzter Zettel übrig. Der 13. Wunsch, der nicht verbrannt wurde, ist derjenige, den du dir selbst erfüllen wirst. Dieser Wunsch ist wie ein kleiner Schatz, der dich daran erinnert, dass du selbst die Kraft hast, deine Träume zu verwirklichen. Es ist deine Aufgabe, diesen Wunsch im kommenden Jahr mit ganzem Herzen umzusetzen. Ob es darum geht, dir selbst mehr Zeit zu schenken, eine neue Leidenschaft zu entdecken oder ein lang ersehntes Ziel zu erreichen – dieser Wunsch liegt nun in deinen Händen.

Das Ritual der 13 Wünsche ist nicht nur ein schöner Brauch, sondern auch ein Weg, Vertrauen zu entwickeln: in das Universum, in das Leben und vor allem in dich selbst. Es erinnert dich daran, dass du nicht nur Träumerin, sondern auch Schöpfer/in deiner eigenen Realität bist.

Bist du bereit? Dann geht es am 25. Dezember los … bis dahin wünsche ich dir frohe Weihnachten, schöne Feiertage und eine inspirierende Wunschauswahl!

RAUHNACHT:
25. Dezember

Deine Reise beginnt.

Die erste Rauhnacht lädt dich ein, innezuhalten und einen tiefen Atemzug zu nehmen. Nach der Hektik und dem Trubel der vergangenen Wochen darfst du jetzt zur Ruhe kommen und die ersten Schritte auf deiner Reise durch die Rauhnächte machen. Diese Nacht steht ganz im Zeichen des **Neubeginns,** der **Klarheit** und der **Verwurzelung**. Bevor du dich auf Neues einlassen kannst, ist es wichtig, ein solides Fundament zu schaffen – eine starke Basis, auf der du deine Träume und Wünsche für das kommende Jahr aufbauen kannst.

DIE BEDEUTUNG DER ERSTEN RAUHNACHT

Diese Nacht ist eng mit dem **Monat Januar** und dem **Sternzeichen Steinbock** verbunden. Der Steinbock, ein Erdzeichen, symbolisiert Stabilität, Verantwortung und Zielstrebigkeit. Genau darum geht es auch in dieser ersten Rauhnacht: Du legst die Grundlagen für das, was im kommenden Jahr wachsen soll. So wie der Steinbock langsam, aber beharrlich den Berg hinaufklettert, so soll auch dein Jahr auf einem festen Fundament beginnen.

Es ist Zeit, um dich mit deinen **Wurzeln** zu verbinden – mit dem, was dir Halt gibt, was dich im Leben stärkt und dir Sicherheit gibt. Diese innere Stabilität ist die Grundlage für alles, was du im neuen Jahr erreichen möchtest. Gleichzeitig geht es darum, dir klarzumachen, dass **Klarheit** und **Stabilität** die Schlüssel für deinen Erfolg im nächsten Jahr sind. Ohne diese Basis kann es schwierig sein, mit voller Energie in die Zukunft zu gehen.

DAS RITUAL DER ERSTEN RAUHNACHT:

Klarheit und Wurzeln stärken

Für diese erste Rauhnacht empfehle ich ein Ritual, das dir hilft, innerlich aufzuräumen, deine Wurzeln zu stärken und Klarheit über deine Grundlagen zu gewinnen:

1. ✦ RÄUCHERE DEINEN RAUM:

Beginne damit, deinen Raum zu reinigen. Nutze Salbei oder Weihrauch, um alte Energien zu vertreiben und Platz für Neues zu schaffen. Öffne dabei die Fenster und stelle dir vor, wie all das, was dir nicht mehr dient, den Raum verlässt. Sprich dabei bewusst die Worte: *„Ich lasse los, was mich blockiert. Ich schaffe Raum für Klarheit und neue Energie."*

2. ✦ ZÜNDE EINE KERZE AN:

Setze dich an einen ruhigen Ort. Das Licht der Kerze symbolisiert deine innere Klarheit und soll dir den Weg durch die Dunkelheit leuchten. Schaue für einige Momente in die Flamme und spüre, wie Ruhe und Klarheit in dir entstehen.

3. ✦ MEDITATION DER WURZELN:

Schließe deine Augen und stelle dir vor, dass du wie ein Baum in der Erde verwurzelt bist. Deine Wurzeln reichen tief in die Erde hinab und geben dir Halt. Spüre, wie jede Zelle deines Körpers von dieser Erdung und Stabilität durchdrungen wird. Du bist sicher, du bist stark, du bist verbunden. Während du diese Verwurzelung spürst, stelle dir die Frage: „Was sind die Grundlagen in meinem Leben? Was gibt mir Stabilität?" Lasse die Antworten leise in dir aufsteigen.

4. ✦ SCHREIBE DEINE GEDANKEN AUF:

Öffne nach der Meditation dein Notizbuch und schreibe auf, was dir in den Sinn gekommen ist. Welche Werte, Beziehungen oder Gewohnheiten sind deine Wurzeln? Was gibt dir das Gefühl von Sicherheit und Stabilität, auf dem du das kommende Jahr aufbauen kannst?

ZITAT DES TAGES:

„Wurzeln sind nicht sichtbar, aber sie tragen den ganzen Baum."

– Indisches Sprichwort

Das Interview mit dir selbst:

1. Welche Werte und Prinzipien sind das Fundament deines
   Lebens?

2. Welche Menschen oder Beziehungen geben dir Stabilität
   und Sicherheit?

3. Welche Veränderungen möchtest du in deinem Leben
   vornehmen, um dich stärker zu verwurzeln?

4. Wenn dein Leben ein Haus wäre, wie stabil wäre dein Fundament gerade?

---

5. Welche „Wurzel" in deinem Leben sorgt dafür, dass du dich bei starkem Wind auf den Beinen halten kannst?

---

6. Was gibt dir das Gefühl, „geerdet" zu sein, auch wenn alles um dich herum chaotisch ist?

---

7. Welche Werte in deinem Leben sind so tief verankert, dass du sie niemals loslassen würdest?

---

8. Gibt es eine Gewohnheit oder ein Muster, das du für „unverwüstlich" hältst? Was wäre, wenn du es ändern könntest?

_____

_____

_____

_____

9. Was ist der „Dünger" für dein inneres Wachstum, und wie kannst du davon mehr bekommen?

_____

_____

_____

_____

-☀- PS: Ziehe und verbrenne deinen ersten Wunsch. Übergib ihn dem Universum, indem du seine Asche dem Wind überlässt.

Notizen und Journal

Nutze die nächsten Seiten, um deine Gedanken und Gefühle festzuhalten. Wie fühlst du dich nach diesem Ritual? Welche Einsichten
sind in dir aufgestiegen? Welche Schritte kannst du unternehmen,
um im neuen Jahr fest verwurzelt und voller Klarheit deinen Weg
zu gehen?

RAUHNACHT:
26. Dezember

Deine innere Stimme hören

Die zweite Rauhnacht bringt dich einen Schritt weiter auf deiner Reise durch die Rauhnächte. Nachdem du in der ersten Nacht die Grundlagen für dein neues Jahr gelegt hast, lädt dich diese Nacht ein, dich mit deinem **Höheren Selbst** und deiner inneren **Führung** zu verbinden. Es geht darum, in dich hineinzuhören und die Weisheit in dir zu finden, die dir den Weg weisen kann – eine Stimme, die leise, aber kraftvoll ist.

DIE BEDEUTUNG DER ZWEITEN RAUHNACHT

Diese Rauhnacht steht symbolisch für den **Monat Februar** und ist mit dem **Sternzeichen Wassermann** verbunden. Der Wassermann, ein Luftzeichen, steht für Freiheit, Originalität und die Fähigkeit, das Leben aus einer höheren Perspektive zu betrachten. Genau wie der Wassermann uns einlädt, über den Tellerrand hinauszuschauen, so ermutigt dich diese Nacht, eine Verbindung zu deinem Höheren Selbst aufzubauen – dem Teil in dir, der über den Alltag hinausblicken kann und die Dinge mit Klarheit und Weitsicht sieht.

In der zweiten Rauhnacht geht es darum, dir bewusst zu machen, dass du immer eine innere Führung hast, die dich begleitet. Diese innere Stimme – dein **Höheres Selbst** – ist dein weisester und liebevollster Ratgeber. Manchmal wird sie vom Lärm des Alltags übertönt, doch in dieser stillen Nacht darfst du sie wieder hören und ihr vertrauen.

Stell dir vor, du stehst unter einem weiten, klaren Himmel. Der Wind weht sanft und in der Ferne siehst du Sterne leuchten. Jeder Stern steht für eine Möglichkeit, eine Vision, die dein Höheres Selbst dir zeigt. Jetzt ist der Moment, tief in dich hineinzuhorchen und diese Visionen zu empfangen.

DAS RITUAL DER ZWEITEN RAUHNACHT:

Verbindung mit deinem Höheren Selbst

Diese Rauhnacht ist eine Einladung, den Kontakt zu deiner inneren Stimme zu stärken. Sie weiß genau, was gut für dich ist, und führt dich, wenn du ihr vertraust. Schau dir dieses Ritual an, das dir hilft, dich mit deinem Höheren Selbst zu verbinden:

1. ✦ SCHAFFE EINE RUHIGE ATMOSPHÄRE:

Zünde eine Kerze an und räuchere deinen Raum mit Beifuß oder Lavendel, um den Raum für spirituelle Klarheit und Weisheit zu reinigen. Atme tief ein und aus und stelle dir vor, wie der Duft dich auf eine höhere Bewusstseinsebene hebt.

2. ✦ VISUALISIERUNG – DIE REISE ZU DEINEM HÖHEREN SELBST:

Setze dich an einen bequemen Ort und schließe die Augen. Atme ruhig und gleichmäßig, während du dich immer tiefer entspannst. Stelle dir vor, dass du auf einem Weg durch einen wunderschönen Wald gehst. Der Wind flüstert leise und du spürst, dass du auf dem Weg zu einer Begegnung mit deinem Höheren Selbst bist. Nach einer Weile kommst du an eine Lichtung und in der Mitte siehst du ein strahlendes Licht. Dieses Licht ist dein Höheres Selbst – weise, stark und voller Liebe. Nähere dich diesem Licht, setze dich davor und lausche. Frage es: „Welche Botschaft hast du für mich? Welche Vision möchtest du mir für das kommende Jahr zeigen?" Vertraue darauf, dass die Antwort leise in dir aufsteigt, sei es in Form eines Gefühls, eines Bildes oder eines Gedankens.

3. ✦ SCHREIBE DEINE ERKENNTNISSE AUF:

Nachdem du die Visualisierung beendet hast, nimm dein Tagebuch und schreibe die Botschaften auf, die du erhalten hast. Was sagt dir dein Höheres Selbst? Welche Schritte kannst du im neuen Jahr unternehmen, um deinem inneren Weg zu folgen?

ZITAT DES TAGES:

„Die einzige wirkliche Reise, die zu unternehmen sich lohnt, ist die zu uns selbst."

– Rainer Maria Rilke

Das Interview mit
dir selbst:

10. Wann hast du das letzte Mal bewusst auf deine innere
Stimme gehört? Wie hat sie dich geführt?

11. In welchen Bereichen deines Lebens wünschst du dir mehr
Klarheit und innere Führung?

12. Wenn du dir selbst als spiritueller Berater begegnen
würdest, welchen Rat würdest du dir geben?

13. Was würde dein inneres Kind denken, wenn es wüsste, dass du auf deine innere Stimme hörst?

14. Welche Entscheidungen in deinem Leben waren völlig gegen deine innere Führung – und was hast du daraus gelernt?

15. Wie würde dein Leben aussehen, wenn du jeden Tag die Antwort von deinem höheren Selbst bekommen würdest?

16. Was passiert, wenn du deine innere Stimme einfach ignorierst? Beschreibe den „Worst Case" mit einem Augenzwinkern.

17. Welche verrückte Idee hat dir deine innere Stimme mal geflüstert, die sich als absolut genial herausgestellt hat?

....

....

....

....

18. Wie würdest du deinem höheren Selbst Danke sagen, wenn es dir durch ein herausforderndes Jahr geholfen hat?

....

....

....

....

-☀- PS: Ziehe und verbrenne deinen zweiten Wunsch. Übergib ihn dem Universum, indem du seine Asche dem Wind überlässt.

Notizen und Journal

Nutze die folgenden Seiten, um deine Erkenntnisse, Gedanken und Gefühle niederzuschreiben. Was hat dein Höheres Selbst dir gezeigt? Welche Schritte wirst du im kommenden Jahr unternehmen, um diese Weisheit in dein Leben zu integrieren? Welche inneren Botschaften sind besonders wichtig für dich?

RAUHNACHT:
27. Dezember

Dein Herz für Wunder öffnen

In der dritten Rauhnacht beginnt eine sanfte Veränderung. Du hast dich bereits mit deinen Wurzeln und deinem Höheren Selbst verbunden, nun geht es darum, dein Herz zu öffnen und Platz für Wunder zu schaffen. Diese Nacht steht im Zeichen der **Herzöffnung** – eine Einladung, deine Gefühle frei fließen zu lassen, alte Verletzungen loszulassen und dich für die Liebe und Magie des Lebens zu öffnen.

DIE BEDEUTUNG DER DRITTEN RAUHNACHT

Die dritte Rauhnacht repräsentiert den **Monat März** und wird vom **Sternzeichen Fische** begleitet. Der März ist eine Zeit des Erwachens, in der die Natur langsam aus ihrem Winterschlaf erwacht und die ersten Anzeichen des Frühlings sichtbar werden. Genauso darfst auch du beginnen, die Schönheit und Wunder des Lebens wieder wahrzunehmen.

Die **Fische**, ein Wasserzeichen, symbolisieren tiefes Gefühl, Sensibilität und die Verbindung zum Unbewussten. In dieser Nacht geht es darum, tief in dein Herz zu blicken und alte Mauern, die du um dich gebaut hast, Stück für Stück abzubauen. Wenn du dein Herz öffnest, können die Wunder des Lebens frei zu dir fließen. Du erlaubst dir, Liebe zu empfangen und zu geben, Verletzungen loszulassen und deine innere Stärke aus deinem Herzen zu schöpfen.

Manchmal halten wir uns emotional zurück, aus Angst, verletzt zu werden, oder weil wir negative Erfahrungen gemacht haben. Doch diese Nacht lädt dich ein, dein Herz weich zu machen und die Vergangenheit loszulassen. Denn nur ein offenes Herz kann Wunder empfangen und das Leben in seiner vollen Schönheit erleben.

DAS RITUAL DER DRITTEN RAUHNACHT:

Herzöffnung und Heilung

Diese Nacht ist eine kraftvolle Zeit, um dein Herz zu heilen, es für die Liebe zu öffnen und Wunder in dein Leben einzuladen. Hier ist ein Ritual, das dir helfen kann, dein Herz auf sanfte Weise zu öffnen:

1. ✦ RÄUCHERN UND RAUM SCHAFFEN:

Beginne damit, deinen Raum zu räuchern – diesmal mit Rosenblättern oder Sandelholz, die das Herz öffnen und eine liebevolle Atmosphäre schaffen. Spüre, wie der Duft den Raum mit einer weichen, sanften Energie füllt, die dein Herz umhüllt und beschützt.

2. ✦ HERZ-MEDITATION:

Setze dich an einen ruhigen Ort und schließe die Augen. Lege deine Hände sanft auf dein Herz und atme tief ein und aus. Mit jedem Atemzug stellst du dir vor, dass dein Herz weicher wird, dass es sich öffnet und beginnt zu strahlen. Visualisiere, wie ein sanftes, warmes Licht dein Herz umhüllt und jede Mauer oder jeden Schmerz, den du vielleicht noch in dir trägst, sanft auflöst. Sage dir in Gedanken: *„Ich öffne mein Herz für Liebe, Wunder und Heilung."*

3. ✦ SCHREIBE EINEN LIEBESBRIEF AN DICH SELBST:

Nimm nach der Meditation dein Tagebuch und schreibe dir selbst einen Liebesbrief. Erzähle dir selbst, wie wertvoll, stark und einzigartig du bist. Schreibe alles auf, was du an dir selbst liebst, und sei großzügig mit deinen Worten. Dies ist ein kraftvoller Akt der Selbstliebe, der dich dabei unterstützt, alte Zweifel loszulassen und dein Herz für das Wunder deiner eigenen Existenz zu öffnen.

4. ✦ RITUAL ABSCHLIESSEN:

Beende das Ritual, indem du eine Rose oder ein anderes Symbol der Liebe auf deinen Altar oder an einen besonderen Ort legst. Dieses Symbol soll dich daran erinnern, dass dein Herz immer offenbleiben darf – für die Liebe, die Wunder und die Magie des Lebens.

ZITAT DES TAGES:

**„Nur mit dem Herzen
sieht man gut, das Wesentliche
ist für die Augen unsichtbar."**

– Antoine de Saint-Exupéry

Das Interview mit dir selbst:

19. Was hält dich vielleicht noch davon ab, dein Herz
vollständig zu öffnen?

20. Wie kannst du mehr Liebe und Mitgefühl – sowohl für dich
selbst als auch für andere – in dein Leben bringen?

21. Wenn dein Herz ein Garten wäre, wie viele
„Wunderblumen" wachsen dort schon – und was brauchst
du, um noch mehr zu pflanzen?

22. Was war das letzte „Wunder" in deinem Leben, das du fast übersehen hättest?

23. Stell dir vor, du könntest dein Herz wie eine Tür öffnen. Was würdest du hereinkommen lassen?

24. Welche kleinen „Wunder" passieren jeden Tag in deinem Leben, ohne dass du sie bemerkst?

25. Was wäre, wenn du dein Herz auf Standby schaltest – was verpasst du dann?

26. Wann hast du das letzte Mal auf dein Herz gehört und etwas Wunderbares ist passiert?

27. Welche „wunderbare" Eigenschaft liebst du an dir selbst, die du viel zu selten anerkennst?

-☀- PS: Ziehe und verbrenne deinen dritten Wunsch. Übergib ihn dem Universum, indem du seine Asche dem Wind überlässt.

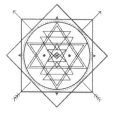

Nutze die folgenden Seiten, um deine Gedanken und Gefühle festzuhalten. Was hat dieses Ritual in dir ausgelöst? Welche Mauern konntest du fallen lassen, und welche Wunder möchtest du in deinem Leben sehen? Wie möchtest du diese Herzöffnung in den kommenden Monaten weiter pflegen und heilen?

RAUHNACHT:
28. Dezember

Aufbruch in ein neues Kapitel

Die vierte Rauhnacht steht im Zeichen des **Wandels.** Nachdem du in den vergangenen Nächten in deine Tiefe getaucht, deine inneren Wurzeln gestärkt und dein Herz geöffnet hast, ist es nun an der Zeit, loszulassen. Diese Nacht lädt dich ein, das Alte hinter dir zu lassen und dich mutig auf den Weg in einen **Neubeginn** zu machen. Es geht um die **Auflösung** von alten Mustern und um die Kraft der **Transformation**.

DIE BEDEUTUNG DER VIERTEN RAUHNACHT

Diese Nacht repräsentiert den **Monat April** – eine Zeit des Neubeginns, in der die Natur aus ihrem Winterschlaf erwacht. Der **Widder**, der mit dem April in Verbindung steht, ist das erste Zeichen des Tierkreises und symbolisiert **Tatkraft, Entschlossenheit** und **Aufbruch.** Der Widder ist der Pionier, der sich mutig in unbekanntes Terrain begibt. Genau diese Energie begleitet dich in der vierten Rauhnacht: Es ist die Zeit, neue Wege einzuschlagen, Blockaden zu lösen und voller Selbstvertrauen voranzugehen.

Der Monat April markiert den Beginn des Frühlings – die Zeit, in der alles wieder zum Leben erwacht. So wie sich die Natur erneuert, darfst auch du in dieser Nacht eine **Transformation** durchleben. Alte Muster, Ängste und Zweifel, die dich vielleicht zurückgehalten haben, dürfen in dieser Nacht endgültig gehen. Du bist bereit, die Ketten der Vergangenheit abzuwerfen und mutig in ein neues Kapitel deines Lebens aufzubrechen.

DAS RITUAL DER VIERTEN RAUHNACHT:

Transformation und Neubeginn

Um die Kraft der vierten Rauhnacht voll zu nutzen, lade ich dich ein, ein Ritual zu vollziehen, das dir hilft, das Alte loszulassen und in die Energie des Neubeginns einzutauchen. Es ist ein Moment der Auflösung und der Klarheit, in dem du dich von allem befreist, was dich nicht mehr unterstützt.

1. ✦ REINIGE DEINEN RAUM UND DICH SELBST:

Beginne das Ritual mit einer tiefen Reinigung. Räuchere deinen Raum mit reinigendem Salbei oder einem anderen Kraut, das dich anspricht. Während der Rauch sanft durch den Raum zieht, stelle dir vor, wie jede Blockade, jede alte Energie, die dich festhält, aufgelöst wird. Wenn du möchtest, kannst du dir auch ein warmes Bad oder eine Dusche gönnen, um dich auch körperlich auf den Neubeginn vorzubereiten.

2. ✦ VISUALISIERE DEINE TRANSFORMATION:

Setze dich an einen ruhigen Ort, schließe die Augen und stelle dir vor, du bist ein Schmetterling, der sich in einem Kokon befindet. Dieser Kokon steht für all die alten Muster, die dich in der Vergangenheit festgehalten haben. Doch jetzt, in diesem Moment, spürst du, wie sich dieser Kokon öffnet und du die Flügel ausbreitest. Du verwandelst dich, lässt alles Alte hinter dir und erhebst dich in die Freiheit. Spüre, wie leicht und kraftvoll du dich fühlst, wie du dich in deinem neuen Selbst entfaltest.

3. ✦ FEUERRITUAL DER AUFLÖSUNG:

Schreibe auf einen Zettel alles, was du loslassen möchtest – alte Gedankenmuster, Ängste, blockierende Gewohnheiten oder Situationen, die dich zurückhalten. Nimm dir Zeit, ehrlich zu dir selbst zu sein. Danach nimmst du den Zettel und verbrennst ihn in einer feuerfesten Schale oder über einer Kerze. Während der Zettel verbrennt, sprich laut oder in Gedanken: *„Ich lasse los, was mir nicht mehr dient. Ich öffne mich für den Neubeginn."*

4. ✦ SETZE DIR EIN KLARES ZIEL:

In dieser Energie der Transformation ist es wichtig, den Fokus auf deinen **Neubeginn** zu setzen. Was möchtest du in deinem Leben erschaffen? Wähle einen Bereich deines Lebens, in dem du einen neuen Weg einschlagen möchtest – sei es beruflich, in deinen Beziehungen oder in deinem persönlichen Wachstum. Schreibe dieses Ziel auf und stelle dir lebhaft vor, wie du es erreichst.

ZITAT DES TAGES:

„Nichts in der Natur bleibt ewig bestehen, alles wandelt sich. Und in jedem Wandel steckt die Kraft des Neubeginns."

– Hermann Hesse

Das Interview mit dir selbst:

28. Welche alten Gewohnheiten, Gedanken oder Beziehungen möchtest du loslassen, um Raum für Neues zu schaffen?

29. Wo in deinem Leben wünschst du dir einen echten Neubeginn?

30. Was wäre, wenn du jeden Tag einen Teil von dir transformierst – in 365 Tagen, wer wärst du dann?

31. Wenn du heute mit einem „Reset-Button" starten könntest, was würdest du als erstes ändern?

32. Was müsste passieren, damit du die Ketten, die dich zurückhalten, endgültig sprengst?

33. Welche alte Gewohnheit ist wie ein Staubfänger – und wie schaffst du es, sie loszuwerden?

34. Was wäre der schönste „Neubeginn", den du dir selbst schenken könntest?

35. Wenn du eine Entscheidung treffen müsstest, die alles verändert, was wäre es?

36. Welches „alte Kapitel" in deinem Leben möchtest du für immer schließen – mit einem dicken Buchdeckel?

-☀- PS: Ziehe und verbrenne deinen vierten Wunsch. Übergib ihn dem Universum, indem du seine Asche dem Wind überlässt.

Notizen und Journal

Nimm dir Zeit, um deine Gedanken und Gefühle niederzuschreiben. Wie fühlst du dich nach diesem Ritual der Auflösung?
Welche Transformation hast du durchlebt? Welche Schritte wirst
du als Nächstes unternehmen, um deinen Neubeginn zu verwirklichen?

RAUHNACHT:
29. Dezember

Freundschaft und Selbstliebe kultivieren

In der fünften Rauhnacht geht es um etwas, das uns oft herausfordert, aber unglaublich wichtig ist: **Freundschaft** und **Selbstliebe**. Diese Nacht lädt dich ein, die Beziehungen in deinem Leben, vor allem die zu dir selbst, genauer zu betrachten. Es ist der Moment, innezuhalten und sowohl die Freundschaften, die du pflegst, als auch die Freundschaft zu dir selbst zu würdigen. Denn ohne Selbstliebe können auch äußere Beziehungen nicht wirklich blühen.

DIE BEDEUTUNG DER FÜNFTEN RAUHNACHT

Diese Nacht steht symbolisch für den **Monat Mai,** der in vielen Kulturen als ein Monat des Aufblühens und der Fülle gilt. Die Natur zeigt sich in ihrer vollen Pracht, und auch in deinem Leben darfst du die Schönheit und Fülle deiner Beziehungen feiern. Der Mai bringt uns die Gelegenheit, die Samen, die wir gesät haben, wachsen zu sehen und uns an der aufblühenden Natur zu erfreuen. Gleichzeitig steht diese Nacht unter der sanften, erdenden Energie des **Sternzeichens Stier,** das mit **Liebe, Genuss** und **Beständigkeit** verbunden ist.

Der Stier lehrt uns, tiefe, verlässliche Verbindungen zu pflegen – sowohl zu anderen Menschen als auch zu uns selbst. Diese Energie unterstützt dich dabei, das Leben in all seinen Facetten zu genießen, dich selbst zu nähren und deinen inneren Garten der Freundschaft und Selbstliebe zu pflegen.

Es ist eine Nacht, in der du dich fragen kannst: **Wie gut behandle ich mich selbst? Wie pflege ich die Freundschaft zu mir selbst und zu anderen?** In der fünften Rauhnacht geht es darum, eine liebevolle Verbindung zu dir selbst aufzubauen und die Menschen in deinem Leben zu wertschätzen, die dir wichtig sind.

DAS RITUAL DER FÜNFTEN RAUHNACHT:

Freundschaft und Selbstliebe stärken

Heute lade ich dich zu einem Ritual ein, das dir hilft, die Freund-schaft zu dir selbst und anderen zu vertiefen. Es geht darum, sich bewusst Zeit für diese wertvollen Verbindungen zu nehmen und sie mit Liebe und Aufmerksamkeit zu nähren.

1. ✦ SCHAFFE EINEN RAUM DER FREUNDLICHKEIT:

Beginne dein Ritual, indem du dir eine schöne Atmosphäre schaffst. Wähle eine Ecke, die du besonders magst, zünde eine Kerze an, lege dir vielleicht eine Decke oder ein Kissen bereit und räuchere den Raum mit einem sanften Duft wie Rosenblüten oder Vanille, die Wärme und Geborgenheit verströmen. Fühle, wie der Raum sich füllt mit einer weichen, liebevollen Energie.

2. ✦ MEDITATION DER SELBSTLIEBE:

Setze dich bequem hin, lege deine Hände sanft auf dein Herz und schließe die Augen. Atme tief ein und aus. Spüre, wie mit jedem Atemzug die Liebe zu dir selbst wächst. Sage dir in Gedanken: *„Ich bin genug. Ich bin es wert, geliebt zu werden, so wie ich bin."* Lasse diese Worte in deinem Herzen nachklingen. Stell dir vor, wie dein Herz sich immer weiter öffnet, wie ein wunderschöner Garten, der im Mai erblüht. Jede Blume in diesem Garten steht für eine Eigenschaft, die du an dir selbst liebst. Lass diese Liebe durch deinen ganzen Körper strömen und nähre jede Zelle deines Seins.

3. ✦ SCHREIBE EINEN BRIEF AN DICH SELBST UND EINEN FREUND:

Nimm dir nun zwei Blätter Papier. Auf das erste schreibst du einen Brief an dich selbst – als wäre es der liebevollste Brief, den du je-mals erhalten hast. Was möchtest du dir sagen? Wofür möchtest du dich wertschätzen? Welche liebevollen Gedanken möchtest du dir selbst schenken? Auf das zweite Blatt schreibst du einen Brief an einen Freund oder eine Freundin, die dir viel bedeutet. Erzähle dieser Person, wie wichtig sie in deinem Leben ist, und drücke deine Dankbarkeit aus. Du kannst diesen Brief später verschicken oder einfach als Teil deines Rituals aufbewahren.

4.✦ FREUNDSCHAFTLICHE GESTE:

Zum Abschluss des Rituals denke an eine kleine Geste, die du in den kommenden Tagen für jemanden tun kannst, den du liebst. Vielleicht ist es ein unerwarteter Anruf, eine herzliche Nachricht oder ein kleines Geschenk. Was zählt, ist die liebevolle Absicht dahinter. Diese Geste wird nicht nur den anderen erfreuen, sondern auch deine eigene Fähigkeit, Liebe zu schenken, stärken.

ZITAT DES TAGES:

„Die wichtigste Beziehung in deinem Leben ist die zu dir selbst. Alles andere fügt sich von dort aus."

– Diane von Fürstenberg

Das Interview mit dir selbst:

37. Wie pflegst du die Freundschaft zu dir selbst? Welche liebevollen Gesten tust du regelmäßig für dich?

38. Welche Menschen in deinem Leben bedeuten dir am meisten, und wie kannst du diese Verbindungen stärken?

39. In welchen Bereichen deines Lebens darfst du mehr Selbstliebe und Freundschaft zu dir selbst praktizieren?

40. Wie wäre es, wenn du einen Tag mit deinem besten Freund verbringst – und dieser beste Freund bist du?

41. Was liebst du an dir selbst, das du dir viel zu selten eingestehst?

42. Wenn du dir heute einen Liebesbrief schreiben müsstest, was wäre die erste Zeile?

43. Wer ist die „Person", die dich am meisten nervt – und wie könntest du liebevoller mit ihr umgehen (auch wenn es du selbst bist)?

44. Was wäre, wenn du heute einen Tag lang nur das tun
würdest, was dir selbst richtig gut tut?

45. Welchen „Freundschaftsdienst" könntest du dir selbst heute
erweisen?

-☀- **PS:** Ziehe und verbrenne deinen fünften Wunsch. Übergib
ihn dem Universum, indem du seine Asche dem Wind überlässt.

Notizen und Journal

Nutze die kommenden Seiten, um deine Gedanken, Gefühle und Reflexionen zu dieser Rauhnacht festzuhalten. Welche Erkenntnisse hast du über deine Freundschaften gewonnen? Wie fühlst du dich, nachdem du dir selbst und anderen mit Liebe begegnet bist? Was möchtest du in den kommenden Wochen tun, um die Verbindung zu dir selbst und den Menschen, die dir wichtig sind, weiter zu vertiefen?

RAUHNACHT:
30. Dezember

Bereinigung und deine Balance finden

Die sechste Rauhnacht lädt dich ein, auf das zurückzublicken, was du in diesem Jahr erlebt hast. Es ist eine Nacht der **Rückschau**, in der du dein inneres Gleichgewicht findest und die Energien bereinigst, die dich möglicherweise noch belasten. Es geht darum, bewusst loszulassen, was dir nicht mehr dient, und die **Balance** wiederherzustellen, die vielleicht durch die Höhen und Tiefen des Jahres aus dem Gleichgewicht geraten ist.

DIE BEDEUTUNG DER SECHSTEN RAUHNACHT

Diese Rauhnacht steht symbolisch für den **Monat Juni,** den Beginn des Sommers, in dem die Tage am längsten und das Licht am stärksten sind. Doch trotz der hellen Tage und des Wachstums in der Natur, erinnert uns der Juni auch daran, dass alles im Leben eine Balance braucht. Die **Zwillinge,** das Sternzeichen, das mit dem Juni in Verbindung steht, stehen für **Dualität, Gegensätze** und die Fähigkeit, verschiedene Aspekte des Lebens miteinander in Einklang zu bringen.

Die Energie der **Zwillinge** fordert dich auf, sowohl auf die hellen als auch auf die dunklen Seiten deines Lebens zu blicken, beide zu akzeptieren und auszugleichen. Es ist eine Zeit, in der du dir die Freiheit nehmen darfst, Dinge loszulassen, die dich blockieren und die Balance zwischen deinen inneren und äußeren Welten wiederherzustellen. Während dieser Nacht kannst du innehalten und dich fragen: **Was darf bereinigt werden? Wo habe ich meine innere Balance verloren, und wie kann ich sie zurückgewinnen?**

DAS RITUAL DER SECHSTEN RAUHNACHT:

Loslassen und die Balance wiederfinden

Um in dieser Nacht Klarheit zu schaffen und Balance zu finden, möchte ich dich zu einem Ritual einladen, das dir hilft, das Alte loszulassen und deine innere Harmonie wiederherzustellen. Es ist ein Ritual der Bereinigung, das dir erlaubt, in Ruhe zurückzublicken und das Gleichgewicht für die kommenden Monate zu stärken.

1. ✦ REINIGUNG UND ERDUNG:

Beginne dein Ritual damit, deinen Raum gründlich zu reinigen. Du kannst dafür getrockneten Beifuß oder Rosmarin verwenden – Kräuter, die für Klarheit und Reinigung stehen. Lasse dabei alle Gedanken und Energien los, die dich aus der Balance gebracht haben. Stelle dir vor, wie der Rauch all das fortträgt, was du nicht mehr brauchst.

2. ✦ RÜCKSCHAU UND BALANCE-MEDITATION:

Setze dich an einen ruhigen Ort, schließe die Augen und atme tief ein und aus. Lasse die Gedanken an das vergangene Jahr aufsteigen – an die Momente des Glücks und der Herausforderungen. Lasse beide Aspekte gleichwertig zu, ohne zu bewerten. Während du diese Rückschau machst, frage dich: „Was hat mich gestärkt, und was hat mich geschwächt?" Visualisiere, wie du in der Mitte zwischen diesen beiden Polen stehst und spüre, wie du dich zentrierst. Atme ruhig weiter, bis du das Gefühl hast, in deiner Mitte angekommen zu sein.

3. ✦ SCHREIBE EINE LISTE ZUM LOSLASSEN:

Nimm dir nun ein Blatt Papier und schreibe auf, welche Gedanken, Gewohnheiten oder Situationen du loslassen möchtest. Was hat dich in diesem Jahr aus der Balance gebracht? Was fühlst du, dass dich blockiert oder belastet? Es muss nicht perfekt sein – einfach alles, was dir in den Sinn kommt, darf seinen Platz auf dieser Liste finden. Sobald du alles aufgeschrieben hast, falte den Zettel zusammen und lege ihn in eine Schale.

4. ✦ VERBRENNE DAS ALTE:

Im Anschluss kannst du den Zettel – wie schon in der vierten Rauh-nacht – verbrennen. Beobachte, wie das Papier sich in Flammen auflöst, und stelle dir dabei vor, dass auch die Lasten, die dich be-schwert haben, im Feuer verschwinden. Während du zusiehst, wie das Alte geht, sage dir: *„Ich lasse los. Ich finde meine Balance. Ich bin im Frieden mit meiner Vergangenheit."*

5. ✦ BALANCIERENDE GESTE:

Schließe das Ritual, indem du dir etwas Gutes tust, das deine inne-re Balance stärkt – vielleicht eine kurze Yoga-Sequenz, ein Spazier-gang an der frischen Luft oder ein Bad mit ätherischen Ölen. Es geht darum, deinen Körper und Geist in Harmonie zu bringen, dich zu zentrieren und gestärkt aus dieser Nacht herauszugehen.

ZITAT DES TAGES:

„Leben ist wie Fahrradfahren. Um das Gleichgewicht zu halten, musst du in Bewegung bleiben."

– Albert Einstein

Das Interview mit dir selbst:

46. Was darfst du loslassen, um deine innere Balance wiederzufinden?

47. Welche Aspekte des vergangenen Jahres haben dich aus der Mitte gebracht?

48. Welche drei Dinge in deinem Leben sind wie überflüssiger Ballast auf einer langen Wanderung – und wie könntest du sie loslassen?

49. Stell dir vor, du hältst eine innere „Frühjahrsputz"-Liste in der Hand. Was steht ganz oben?

50. Welches alte Kapitel in deinem Leben hat längst ein „Happy End", aber du liest es trotzdem immer wieder?

51. Welche Angewohnheit hält dich ständig in Bewegung, bringt dich aber nirgendwo hin?

52. Stell dir vor, du bist ein Jongleur deines eigenen Lebens. Welche Kugel lässt du besser fallen, damit die anderen in der Luft bleiben?

53. Wenn du heute einen Bereich deines Lebens aufräumen müsstest – welcher wäre es und warum?

54. Was war die wertvollste Lektion des letzten Jahres, die du fast verpasst hättest?

-☀- PS: Ziehe und verbrenne deinen sechsten Wunsch. Übergib ihn dem Universum, indem du seine Asche dem Wind überlässt.

Notizen und Journal

Nutze die folgenden Seiten, um deine Gedanken, Gefühle und Einsichten zu dieser Rauhnacht festzuhalten. Was konntest du loslassen? Wo hast du erkannt, dass du noch Balance finden darfst? Was wirst du tun, um in den kommenden Monaten dein inneres Gleichgewicht zu wahren?

RAUHNACHT:
31. Dezember

Öffnung für das Neue und Rückkehr zur Seele

Die siebte Rauhnacht bringt dich in eine Zeit des Übergangs – nicht nur von einer Nacht in die nächste, sondern auch von einem Jahr ins Neue. Diese Nacht lädt dich ein, dich für das **Neue** zu öffnen, das vor dir liegt, während du gleichzeitig tief in dich hineinschaust. Es ist eine Zeit, in der du die Weisheit deiner **inneren Stimme** hören darfst, in der du deinem **inneren Kind** begegnest und in der du deine **Seele** spürst. Diese Nacht ist auch der Moment, in dem du deine **Heimat** – deine innere wie äußere – bewusst wahrnehmen kannst. Deine Gefühle werden zu deinem Kompass, und deine **Weiblichkeit** – egal ob du Frau oder Mann bist – darf in ihrer ganzen Kraft fließen.

DIE BEDEUTUNG DER SIEBTEN RAUHNACHT

Diese Rauhnacht steht symbolisch für den **Monat Juli,** der Sommer in seiner vollen Blüte. Der Juli bringt uns lange, warme Tage, das Gefühl von Heimat und Geborgenheit. Es ist die Zeit, in der die Natur ihre ganze Fülle zeigt. Diese Energie der Geborgenheit und Fülle wird im **Sternzeichen Krebs** besonders stark gespürt. Der **Krebs** steht für **Gefühle, Intuition, Weiblichkeit** und den **Schutz des eigenen inneren Raumes.** Er ist das Zeichen der Heimat, der Familie und der tiefen Verbindung zu den Wurzeln.

In dieser Nacht darfst du dich fragen: **Wo ist meine innere Heimat? Wie fühlt sich meine Verbindung zu meiner Seele und zu meinem inneren Kind an?** Diese Nacht ist eine Einladung, auf deine **innere Stimme** zu hören und dich mit der Tiefe deiner Gefühle zu verbinden. Der Krebs erinnert uns daran, dass wahre Stärke in der Verbindung mit unseren Emotionen liegt – nicht im Verdrängen, sondern im **Annehmen.**

DAS RITUAL DER SIEBTEN RAUHNACHT

Die Seele und Weiblichkeit ehren

In dieser Nacht geht es darum, dich für die Weisheit deiner Seele zu öffnen, deine Gefühle anzunehmen und die Verbindung zu deinem inneren Kind zu stärken. Das folgende Ritual unterstützt dich dabei, diese Energien bewusst zu spüren und in dein Leben zu integrieren:

1. ✦ SCHAFFE EINEN SANFTEN, NÄHRENDEN RAUM:

Zünde eine Kerze an, vorzugsweise eine weiße oder hellblaue, die den Mond und die weibliche Energie symbolisiert. Lege weiche Decken oder Kissen aus, und umhülle dich mit Dingen, die dich an deine Kindheit erinnern – vielleicht ein Foto, ein Gegenstand oder ein Duft, der dir Geborgenheit schenkt.

2. ✦ MEDITATION DER INNEREN HEIMAT:

Schließe die Augen und lege die Hände auf dein Herz. Atme tief ein und aus und spüre, wie du mit jedem Atemzug tiefer in deinen inneren Raum eintauchst. Stell dir vor, dass du in einen wunderschönen Raum in deinem Inneren trittst – einen Raum, der deine Heimat ist. Hier bist du sicher, hier bist du ganz du selbst. Lausche in die Stille und frage dich: „Was brauche ich, um mich vollständig zu Hause zu fühlen? Was kann ich tun, um meiner Seele den Raum zu geben, den sie braucht?" Spüre die Antworten, die aus deiner Seele aufsteigen.

3. ✦ BEGEGNUNG MIT DEM INNEREN KIND:

Während du in diesem inneren Raum verweilst, visualisiere dein **inneres Kind**. Dieses Kind ist neugierig, voller Lebensfreude und zugleich sensibel. Es trägt all die Gefühle und Erfahrungen, die du vielleicht vergessen hast. Setze dich zu diesem Kind, lächle es an und frage es, was es braucht, um sich geliebt, geborgen und frei zu fühlen. Lasse die Antwort in dir entstehen. Vielleicht ist es ein Moment der Freude, ein Gefühl der Freiheit oder das Versprechen, in Zukunft mehr auf deine inneren Bedürfnisse zu achten.

4. ✦ SCHREIBE EINEN BRIEF AN DEIN INNERES KIND:

Nimm dir nun ein Blatt Papier und schreibe einen liebevollen Brief an dein inneres Kind. Erlaube dir, all die Gefühle, die in dieser Meditation aufgestiegen sind, niederzuschreiben. Sage deinem inneren Kind, dass du es siehst, dass du es liebst und dass du ihm Raum geben wirst, um in deinem Leben Freude und Leichtigkeit zu finden. Dies ist ein kraftvoller Schritt, um die Verbindung zu deinem wahren Selbst zu stärken.

5. ✦ WEIBLICHE ENERGIE UND GEFÜHLE:

Zum Abschluss kannst du dir noch ein paar Momente Zeit nehmen, um bewusst die **weibliche Seite** in dir zu spüren – die Energie der Intuition, des Empfangens und der Hingabe. Tanze vielleicht leicht zur Musik oder wiege deinen Körper sanft hin und her, um dich mit deiner inneren Weiblichkeit zu verbinden. Diese Energie gehört uns allen – egal, welches Geschlecht wir haben. Sie ist der sanfte Fluss, der dich in Einklang mit deinen Gefühlen bringt.

ZITAT DES TAGES:

„Das Zuhause ist nicht nur ein Ort, es ist ein Gefühl."

– Cecelia Ahern

Das Interview mit
dir selbst:

55. Was bedeutet Heimat für dich – sowohl äußerlich als auch innerlich?

56. In welchen Momenten hast du das Gefühl, wirklich mit deiner Seele verbunden zu sein?

57. Wenn du heute deinem inneren Kind ein Geschenk machen könntest, was wäre es?

58. Was würde dein inneres Kind tun, wenn es den heutigen Tag völlig ungestört gestalten könnte?

59. Welche Emotion schiebst du immer zur Seite, obwohl sie dich eigentlich beflügeln könnte?

60. Was wäre, wenn du heute deine „Weiblichkeit" (egal ob Mann oder Frau) feiern würdest – wie würdest du das tun?

61. Was müsste passieren, damit du heute deine Gefühle völlig frei fließen lassen kannst?

62. Wenn du dir erlauben würdest, wieder wie ein Kind zu
spielen, was würdest du als erstes tun?

63. Welche „weibliche" Eigenschaft in dir hast du viel zu lange
ignoriert?

-☀- PS: Ziehe und verbrenne deinen siebten Wunsch. Übergib
ihn dem Universum, indem du seine Asche dem Wind überlässt.

Nutze die kommenden Seiten, um deine Gedanken, Gefühle und Erkenntnisse niederzuschreiben. Wie fühlst du dich nach diesem Ritual? Welche Einsichten hat dir dein inneres Kind geschenkt? Was möchtest du in deinem Leben anders machen, um mehr Raum für deine Seele, deine Weiblichkeit und deine Gefühle zu schaffen?

RAUHNACHT:
1. Januar

Ein Neubeginn voller Fülle und Verwirklichung

Mit der achten Rauhnacht beginnt nicht nur ein neuer Tag, sondern auch ein neues Jahr. Es ist die Nacht des **Neubeginns**, der **Fülle** und des **Selbstausdrucks**. Alles, was du in den letzten Tagen durchlebt und reflektiert hast, bereitet dich nun auf diesen Moment vor – den Moment, in dem du die Samen deiner Wünsche und Träume säen kannst, damit sie in diesem Jahr in voller Pracht erblühen.

DIE BEDEUTUNG DER ACHTEN RAUHNACHT

Diese Rauhnacht steht symbolisch für den **Monat August,** die Hochphase des Sommers, in dem die Sonne in ihrer vollen Kraft steht. Der August ist ein Monat, der von **Fülle** geprägt ist: Die Natur schenkt uns ihre reiche Ernte, und die Tage sind lang und warm. In dieser Zeit zeigt sich alles in seiner Blüte, und auch du darfst dich fragen: **Was möchte ich in meinem Leben verwirklichen? Wie kann ich mich in meiner ganzen Fülle ausdrücken?**
Das **Sternzeichen Löwe,** das mit dem August in Verbindung steht, steht für **Kreativität, Selbstbewusstsein** und den **Mut, sich zu zeigen.** Der Löwe fordert dich auf, dich nicht zu verstecken, sondern stolz und voller Vertrauen deinen Platz in der Welt einzunehmen. Es geht darum, dich selbst in deiner wahren Essenz auszudrücken und die **Fülle** des Lebens anzunehmen. Diese Rauhnacht ist eine Gelegenheit, mutig voranzugehen und dich zu fragen: **Wie möchte ich mein Leben im neuen Jahr gestalten? Wie kann ich meine tiefsten Wünsche verwirklichen?**

DAS RITUAL DER ACHTEN RAUHNACHT:

Selbstausdruck und Verwirklichung

In dieser Nacht geht es darum, dich mit deiner inneren Kraft und deinem Selbstvertrauen zu verbinden. Es ist der Moment, in dem du deine Ziele für das kommende Jahr manifestierst und dich bewusst für den Weg der Verwirklichung entscheidest.

1. ✦ ERWECKE DEINE INNERE SONNE:

Setze dich an einen ruhigen Ort und zünde eine goldene oder gelbe Kerze an, die das Licht der Sonne symbolisiert. Schließe die Augen und stelle dir vor, wie eine leuchtende Sonne in deinem Inneren aufgeht. Sie füllt dich mit Wärme und Licht und erhellt jeden Winkel deines Seins. Spüre, wie diese innere Sonne deine Kreativität und deinen Mut stärkt. Lass sie sich ausbreiten, bis du das Gefühl hast, voller Kraft und Zuversicht zu strahlen.

2.✦ SCHREIBE DEINE VISION AUF:

Nimm nun dein Tagebuch und schreibe eine Vision für dein neues Jahr auf. Stelle dir vor, es ist der nächste August, und du blickst auf die vergangenen Monate zurück. Welche Träume hast du verwirklicht? Welche Projekte haben dich erfüllt? Wie hast du dich in deinem Leben ausgedrückt? Schreibe alles so detailliert wie möglich auf – als würdest du die Fülle bereits in deinem Leben spüren. Visualisiere dabei, wie du jede deiner Visionen verwirklichst und diese sich in deinem Leben entfaltet.

3.✦ SELBSTAUSDRUCK DURCH KREATIVITÄT:

Um deine innere Löwe-Energie zu wecken, wähle eine kreative Ausdrucksform, die dich inspiriert. Das kann Zeichnen, Schreiben, Tanzen oder Singen sein – was immer sich für dich richtig anfühlt. Lasse deinen inneren Selbstausdruck frei fließen, ohne zu bewerten oder zu hinterfragen. Kreativität bedeutet Freiheit – die Freiheit, du selbst zu sein und dich durch deine Talente und Wünsche zu zeigen.

4.✦ FEUERRITUAL DER VERWIRKLICHUNG:

Zum Abschluss kannst du ein kleines Feuerritual durchführen. Schreibe ein einziges Wort auf einen Zettel, das deine größte Sehnsucht für das kommende Jahr repräsentiert. Dieses Wort soll die Essenz dessen sein, was du verwirklichen möchtest – sei es „Fülle", „Mut", „Liebe" oder „Erfolg". Verbrenne den Zettel vorsichtig in einer feuerfesten Schale und stelle dir vor, wie dieses Wort in die Welt hinausgetragen wird, um sich zu manifestieren. Während du zusiehst, wie der Zettel verbrennt, sage: *„Ich erlaube mir, meine Träume zu leben. Ich bin bereit für die Fülle des Lebens."*

ZITAT DES TAGES:

**„Es gibt nichts Edleres,
als du selbst zu sein und dabei
das volle Licht deiner Seele
erstrahlen zu lassen."**

– Ralph Waldo Emerson

Das Interview mit dir selbst:

64. Welche Visionen und Träume möchtest du im neuen Jahr verwirklichen?

65. In welchen Bereichen deines Lebens wünschst du dir mehr Fülle und Selbstausdruck?

66. Wenn du heute deinen eigenen Traum verwirklichen könntest, was wäre der erste Schritt?

67. Welche unausgesprochene Idee schlummert in dir, die nur darauf wartet, verwirklicht zu werden?

68. Was wäre der wildeste Selbstausdruck, den du dir heute zutrauen würdest?

69. Wenn Fülle nicht nur eine Idee wäre, sondern dein natürlicher Zustand – was würdest du anders tun?

70. Stell dir vor, du könntest heute alles, was du bist, der Welt zeigen. Was wäre deine „Show"?

71. Welche kleine „Vision" wartet schon lange auf den richtigen Moment, um sich zu entfalten?

_____

_____

_____

_____

72. Was müsstest du loslassen, um mehr Fülle in dein Leben einzuladen?

_____

_____

_____

_____

☀️ PS: Ziehe und verbrenne deinen achten Wunsch. Übergib ihn dem Universum, indem du seine Asche dem Wind überlässt.

Notizen und Journal

Nutze die folgenden Seiten, um deine Gedanken und Einsichten zu dieser Rauhnacht festzuhalten. Was hast du über deinen Selbstausdruck und deine Fähigkeit zur Verwirklichung gelernt? Welche Schritte möchtest du im neuen Jahr unternehmen, um deine Visionen zu leben? Schreibe alles auf, was dir in den Sinn kommt, und spüre, wie sich deine innere Sonne weiter entfaltet.

RAUHNACHT:
2. Januar

Ordnung und Struktur für Erneuerung

Mit der neunten Rauhnacht trittst du in eine Phase der **Ordnung** und **Neuorientierung** ein. Nach dem kreativen und kraftvollen Aufbruch der letzten Nächte lädt dich diese Nacht dazu ein, innezuhalten, das Chaos zu beseitigen und Raum für das zu schaffen, was kommen darf. Es ist eine Zeit der **Erneuerung**, der **Geduld** und der Rückkehr zu einer klaren **Struktur** in deinem Leben. Alles, was jetzt geschieht, dient dazu, dich auf das vorzubereiten, was im neuen Jahr geordnet und strukturiert wachsen soll.

DIE BEDEUTUNG DER NEUNTEN RAUHNACHT

Diese Nacht steht symbolisch für den **Monat September** – die Zeit der Ernte, in der alles, was du gesät hast, nun geordnet und geerntet wird. Es ist der Monat, in dem die Tage wieder kürzer werden und die Natur langsam in den Rückzug geht, um sich auf den Winter vorzubereiten. Der **September** bringt uns die Kraft, das Jahr zu ordnen, das Wesentliche zu erkennen und klarer zu sehen, wohin die Reise weitergeht.

Das **Sternzeichen Jungfrau,** das mit dem September in Verbindung steht, verkörpert **Struktur, Präzision** und die Liebe zum Detail. Die Jungfrau bringt die Gabe der **Geduld** und des sorgfältigen Arbeitens mit. Sie erinnert uns daran, dass echte Erneuerung nur durch Klarheit und Ordnung möglich ist. Es ist eine Zeit, in der du die losen Fäden deines Lebens aufnimmst und sie zu einem geordneten Ganzen verwebst. Diese Rauhnacht lädt dich ein, dich auf deine innere und äußere Ordnung zu konzentrieren und deine Visionen Schritt für Schritt zu strukturieren.

DAS RITUAL DER NEUNTEN RAUHNACHT:

Ordnung und Neuorientierung

In dieser Nacht geht es darum, bewusst Ordnung in dein Leben zu bringen – sowohl im äußeren als auch im inneren Sinne. Du darfst die Dinge, die dir nicht mehr dienen, aussortieren und die Struktur finden, die dich in den kommenden Monaten stützen wird.

1. ✦ SCHAFFE ÄUSSERE ORDNUNG:

Bevor du dich auf das innere Ritual einlässt, beginne damit, deine Umgebung aufzuräumen. Vielleicht ist es dein Schreibtisch, ein Regal oder einfach nur ein kleiner Bereich deines Zuhauses, der gerade deine Aufmerksamkeit braucht. Diese äußere Ordnung wirkt sich auch auf dein Inneres aus. Spüre, wie du mit jedem Gegenstand, den du an seinen Platz legst, mehr Klarheit in dir selbst findest. Dieses Aufräumen ist eine Vorbereitung auf die innere Ordnung, die du schaffen wirst.

2. ✦ MEDITATION DER NEUORIENTIERUNG:

Setze dich anschließend an einen ruhigen Ort und schließe die Augen. Atme tief ein und aus. Stelle dir vor, dass du in einem großen, weitläufigen Garten stehst. Dieser Garten symbolisiert dein Leben. Einige Beete sind gepflegt, andere sind überwuchert oder ungeordnet. Nimm dir einen Moment Zeit, um diesen Garten genau zu betrachten. Frage dich: *„Was braucht Pflege, was darf erneuert werden, und was kann ich loslassen?"* Stelle dir vor, wie du mit sanfter Hand den Garten ordnest, neue Blumen pflanzt und das Unkraut entfernst, das dich blockiert. Spüre die Erneuerung, die dadurch in deinem Inneren entsteht.

3. ✦ SCHREIBE EINE LISTE DER ERNEUERUNG UND STRUKTUR:

Nimm dir nun dein Tagebuch und schreibe eine Liste der Dinge, die du in den kommenden Monaten erneuern oder ordnen möchtest. Dies kann sowohl praktische Dinge wie deine täglichen Abläufe betreffen, als auch emotionale und spirituelle Aspekte deines Lebens. Wo brauchst du mehr Struktur? Wo wünschst du dir Klarheit und Ordnung? Schreibe diese Gedanken auf und überlege, wie du Schritt für Schritt eine klare Struktur für deine Ziele und Träume entwickeln kannst.

4.✦ GEDULDSRITUAL:

Zum Abschluss der Meditation widme dich dem Thema **Geduld**. Die Jungfrau erinnert uns daran, dass alles seine Zeit braucht, um zu wachsen. Nimm dir einen Gegenstand, der für dich Beständigkeit symbolisiert – vielleicht einen Stein oder ein kleines Stück Holz – und halte ihn in deinen Händen. Während du den Gegenstand betrachtest, stelle dir vor, dass er die Geduld repräsentiert, die du in den nächsten Wochen und Monaten brauchst, um deine Ziele mit Ruhe und Klarheit zu verfolgen.

ZITAT DES TAGES:

„Geduld ist nicht die Fähigkeit zu warten, sondern die Fähigkeit, in der Zwischenzeit positiv zu bleiben."

– Joyce Meyer

Das Interview mit dir selbst:

73. Wo in deinem Leben brauchst du mehr Ordnung und Struktur, um dich erneuert zu fühlen?

74. Welche Dinge möchtest du in den kommenden Monaten geduldig entwickeln?

75. Welche „alte" Struktur in deinem Leben sollte dringend mal überarbeitet werden?

76. Stell dir vor, dein Leben wäre ein Zimmer. Was müsste umgestellt oder rausgeschmissen werden, um wieder klar denken zu können?

_____

_____

_____

_____

77. Was wäre der erste Schritt, um deine Ziele in eine klare Struktur zu bringen?

_____

_____

_____

_____

78. Welche „Unordnung" in deinem Leben hat bisher verhindert, dass du deine Träume voll entfaltest?

_____

_____

_____

_____

79. Stell dir vor, du kannst heute einen Bereich deines Lebens „erneuern". Welcher wäre es und wie würdest du das tun?

_____

_____

_____

_____

80. Was ist das „unordentliche Gedankenknäuel", das du
endlich entwirren solltest?

81. Wenn du dir heute eine neue Struktur für deinen Alltag
schaffen könntest, wie würde sie aussehen?

-☀- PS: Ziehe und verbrenne deinen neunten Wunsch. Übergib
ihn dem Universum, indem du seine Asche dem Wind überlässt.

Notizen und Journal

Nutze die folgenden Seiten, um deine Gedanken, Gefühle und Erkenntnisse festzuhalten. Was konntest du in dieser Rauhnacht ordnen? Welche Struktur möchtest du in deinem Leben etablieren? Welche Aspekte brauchen noch Geduld, um sich zu entfalten? Spüre, wie sich die Erneuerung durch klare, geordnete Schritte in deinem Leben manifestiert.

RAUHNACHT:
3. Januar

Weisheit und Balance finden

Die zehnte Rauhnacht öffnet ein neues Tor in deiner Reise. In dieser Nacht geht es darum, das **Wissen** und die **Weisheit** zu erkennen, die du in den vergangenen Monaten gesammelt hast. Gleichzeitig ist es eine Zeit, dich deiner **Vision** für die Zukunft zu widmen und in die Balance zwischen dem, was war, und dem, was sein wird, einzutreten. Diese Nacht lädt dich ein, **Reife** und **Harmonie** in deinem Inneren zu kultivieren, während du dich auf die nächste Phase deines Lebens vorbereitest.

DIE BEDEUTUNG DER ZEHNTEN RAUHNACHT

Diese Rauhnacht steht symbolisch für den **Monat Oktober** – eine Zeit des Wandels, in der die Natur beginnt, sich zurückzuziehen, um Platz für die Stille und Ruhe des Winters zu machen. Der Oktober bringt uns die Ernte der Weisheit, die Früchte der Reife, aber auch den Beginn eines Ausgleichs zwischen Licht und Dunkelheit. Es ist der Monat, in dem der **Herbst** seine volle Kraft zeigt und uns daran erinnert, dass alles im Leben im Gleichgewicht sein muss.

Das **Sternzeichen Waage,** das den Oktober begleitet, verkörpert **Harmonie, Ausgleich** und die Suche nach innerem und äußerem Frieden. Die Waage fordert uns auf, Balance in unser Leben zu bringen – zwischen Arbeit und Ruhe, Geben und Empfangen, Denken und Fühlen. In dieser Nacht darfst du in dich gehen und dir bewusst machen: **Wo kann ich mehr Ausgleich schaffen? Wo darf Weisheit und Reife in mein Leben fließen, um den Weg meiner Vision klarer zu sehen?**

DAS RITUAL DER ZEHNTEN RAUHNACHT:

Wissen und Balance in Einklang bringen

Diese Nacht bietet dir die Gelegenheit, deine innere Weisheit und dein Wissen zu nutzen, um eine klare Vision für die kommenden Monate zu entwickeln. Es ist ein Moment der Reife, in dem du das, was du gelernt hast, mit deinem inneren Gleichgewicht verbindest.

1. ✦ SCHAFFE EINEN RAUM DER BALANCE:

Beginne damit, eine Umgebung zu schaffen, die Harmonie ausstrahlt. Lege zwei Kerzen vor dir ab, eine weiße und eine schwarze, die symbolisch für das Licht und die Dunkelheit stehen – zwei Kräfte, die sich ausgleichen und ein harmonisches Ganzes bilden. Zünde beide Kerzen an und spüre, wie die Dualität von Tag und Nacht, Geben und Nehmen, in dir ausbalanciert wird.

2. ✦ MEDITATION DER WEISHEIT UND VISION:

Setze dich an einen ruhigen Ort und schließe die Augen. Atme tief ein und aus. Stelle dir vor, dass du auf einer Brücke stehst, die zwei Ufer miteinander verbindet. Auf der einen Seite liegt das vergangene Jahr – mit all seinen Lektionen, Erfahrungen und Erkenntnissen. Auf der anderen Seite liegt die Zukunft – voller unentdeckter Möglichkeiten und deiner Visionen. Während du auf dieser Brücke stehst, fühle die Balance in dir. Erlaube dir, die Weisheit aus der Vergangenheit mitzunehmen und sie mit den Visionen für die Zukunft zu vereinen. Spüre, wie diese beiden Ufer in dir verschmelzen und ein harmonisches Ganzes bilden.

3. ✦ SCHREIBE DEINE VISION DER REIFE UND WEISHEIT AUF:

Nimm nun dein Tagebuch zur Hand und reflektiere über die Weisheit, die du im letzten Jahr gesammelt hast. Welche Lektionen haben dich am meisten geprägt? Wie haben dich diese Erfahrungen reifer gemacht? Schreibe auf, welche Visionen du für dein kommendes Jahr hast, basierend auf dieser neuen Reife. Welche Ziele möchtest du erreichen? Welche Weisheit möchtest du weitergeben? Lasse diese Gedanken frei fließen, ohne Druck, und erlaube dir, das Gleichgewicht in deinen Visionen zu finden.

4.✦ RITUAL DES AUSGLEICHS:

Zum Abschluss des Rituals nimmst du beide Kerzen in die Hand. Spüre die Balance der Gegensätze – das Licht und die Dunkelheit, die Aktivität und die Ruhe. Stelle dir vor, wie du diese Kräfte in deinem Leben in Einklang bringst. Während du die Kerzen vor dir abstellst, sage laut oder leise: *„Ich finde meine Balance zwischen Geben und Nehmen, zwischen Träumen und Handeln. Meine Weisheit führt mich auf meinem Weg."* Lasse die Kerzen noch ein paar Momente brennen, bevor du sie löschst, und spüre, wie Harmonie und Ausgleich in dir entstehen.

ZITAT DES TAGES:

„Weisheit ist die Kunst, die richtige Balance im Leben zu finden."

– Rumi

Das Interview mit dir selbst:

82. Wo brauchst du mehr Balance in deinem Leben? Zwischen welchen Polen suchst du Harmonie?

83. Welche „weise" Entscheidung hast du in diesem Jahr getroffen, ohne es sofort zu bemerken?

84. Was wäre, wenn du deine Vision für die Zukunft einfach „groß" denken würdest? Was könnte passieren?

85. Welche Erfahrung dieses Jahres hat dich reifer gemacht, als du es erwartet hättest?

86. Wie kannst du heute mehr Balance in deinen Tag bringen, ohne deinen Terminkalender zu sprengen?

87. Stell dir vor, du hältst einen Schlüssel zu mehr Ausgleich in deinem Leben. Welche Tür würdest du damit öffnen?

88. Welche Vision von dir selbst ist so groß, dass sie dir manchmal Angst macht – und was wäre, wenn du ihr einfach folgst?

89. Welche unerwartete Weisheit hast du in diesem Jahr gefunden, die du mit ins nächste Jahr nehmen möchtest?

_____

_____

_____

_____

90. Stell dir vor, du balancierst auf einem Seil. Welche „Gewichte" brauchst du, um nicht das Gleichgewicht zu verlieren?

_____

_____

_____

_____

☀- PS: Ziehe und verbrenne deinen zehnten Wunsch. Übergib ihn dem Universum, indem du seine Asche dem Wind überlässt.

Notizen und Journal

Nutze die folgenden Seiten, um deine Gedanken und Gefühle zu dieser Rauhnacht festzuhalten. Welche Weisheit ist in dir aufgestiegen? Wie fühlst du dich in Bezug auf deine Visionen und dein inneres Gleichgewicht? Welche Schritte möchtest du in den kommenden Monaten unternehmen, um die Balance zwischen Wissen, Reife und deinen Zielen zu wahren?

RAUHNACHT
4. Januar

Wandlung und Loslassen

Die elfte Rauhnacht führt dich in die Tiefe deines Seins, dorthin, wo die wahre **Transformation** stattfindet. Sie ist die Nacht der **Wandlung**, des **Abschieds** und des **Loslassens**. Es ist der Moment, in dem du dich bewusst von dem verabschiedest, was nicht mehr Teil deines Weges sein soll. So wie die Natur im Winter alles Vergangene abstreift, so bist auch du eingeladen, den Prozess der Erneuerung zuzulassen. Denn nur durch das **Loslassen** kann Raum für Neues entstehen.

DIE BEDEUTUNG DER ELFTEN RAUHNACHT

Diese Nacht steht symbolisch für den **Monat November** – einen Monat, der geprägt ist von **Rückzug** und **Veränderung**. Die Bäume haben ihre Blätter längst verloren, und die Natur befindet sich in einem Zustand der Ruhe und des Wartens. Es ist eine Zeit, in der wir tief nach innen schauen, uns mit dem **Tod** als natürlichem Teil des Lebenszyklus auseinandersetzen und lernen, loszulassen, um Platz für das Neue zu schaffen.

Der **Skorpion**, der den November begleitet, ist ein Zeichen der tiefen **Transformation**. Der Skorpion fürchtet keine Veränderung, sondern erkennt in ihr das Potenzial für Wachstum und Wiedergeburt. Er führt uns in die Dunkelheit, um dort die tiefsten Wahrheiten zu finden und uns von dem zu befreien, was uns nicht mehr dient. Es ist die Zeit, das Alte loszulassen, um als etwas Neues und Stärkeres wiedergeboren zu werden. Der Skorpion erinnert dich daran: **Loslassen ist der Schlüssel zur Transformation.**

DAS RITUAL DER ELFTEN RAUHNACHT:

Abschied und Wandlung

In dieser Nacht lade ich dich ein, dich bewusst dem Loslassen zu widmen. Du darfst alte Muster, Beziehungen oder Gedanken verabschieden, die ihren Zweck erfüllt haben. Dies ist eine tiefe und kraftvolle Nacht, in der du dich dem Prozess der inneren Wandlung hingibst.

1. ✦ SCHAFFE EINEN RAUM FÜR TRANSFORMATION:

Zünde eine dunkle Kerze an – vielleicht in tiefem Violett oder Schwarz, die Farben der Transformation und des Übergangs. Schaffe eine stille, gedämpfte Atmosphäre um dich herum. Dies ist deine Zeit des Rückzugs, in der du dich mit deinen inneren Prozessen auseinandersetzt. Die Dunkelheit um dich herum soll dich nicht ängstigen, sondern dir helfen, tief in dich hineinzuhorchen.

2. ✦ MEDITATION DES LOSLASSENS:

Setze dich ruhig hin und schließe die Augen. Atme tief ein und aus und stelle dir vor, dass du an einem Fluss stehst. Dieser Fluss fließt sanft, aber kraftvoll vor dir. In deinen Händen hältst du einen Gegenstand – ein Symbol für all das, was du loslassen möchtest. Spüre das Gewicht dieses Gegenstands und frage dich: *„Was hält mich fest? Was darf ich loslassen, um weiterzugehen?"* Sobald du bereit bist, wirf den Gegenstand in den Fluss und beobachte, wie das Wasser ihn mit sich nimmt. Fühle, wie sich eine innere Erleichterung ausbreitet, während das Alte fortgetragen wird.

3. ✦ SCHREIBE EINEN ABSCHIEDSBRIEF:

Nimm dein Tagebuch zur Hand und schreibe einen Abschiedsbrief an das, was du loslassen möchtest. Das kann eine alte Gewohnheit sein, eine Beziehung, die dich nicht mehr nährt, oder ein Aspekt deiner selbst, den du hinter dir lassen willst. Sei ehrlich und sanft mit dir selbst. Dieser Brief ist eine Möglichkeit, bewusst Abschied zu nehmen und Frieden mit dem Loslassen zu finden. Wenn du fertig bist, kannst du den Brief an einem sicheren Ort aufbewahren oder später verbrennen, um den Prozess des Loslassens zu vollenden.

4. ✦ RITUAL DER TRANSFORMATION:

Um das Ritual der Wandlung abzuschließen, stelle dir vor, dass aus dem, was du losgelassen hast, etwas Neues entsteht. Visualisiere, wie du durch diesen Prozess der Wandlung hindurchgehst – von einer Phase der Dunkelheit in das Licht der Erneuerung. Fühle, wie du innerlich gestärkt und klarer wirst, bereit für das, was vor dir liegt. Sprich in Gedanken oder laut die Worte: *„Ich lasse los, was mir nicht mehr dient, und heiße die Erneuerung in mir willkommen."*

ZITAT DES TAGES:

**„Der Phönix muss brennen,
um wieder zu erblühen."**

—

Octavia Butler

Das Interview mit dir selbst:

91. Was hältst du noch fest, das du loslassen solltest, um weiterzugehen?

_____

_____

_____

_____

92. Welche Transformation spürst du in dir – wo fühlst du, dass etwas Altes stirbt, damit etwas Neues geboren werden kann?

_____

_____

_____

_____

93. Welche Aspekte deines Lebens haben ihre Zeit erfüllt und dürfen nun weichen, um Platz für neue Erfahrungen zu machen?

_____

_____

_____

_____

94. Stell dir vor, du könntest heute „symbolisch" sterben und morgen wiedergeboren werden – was würdest du hinter dir lassen?

95. Welcher Teil deines Lebens fühlt sich an wie ein alter Mantel, der dir nicht mehr passt?

96. Wenn du dir heute erlauben könntest, endgültig Abschied zu nehmen, von was oder wem wäre es?

97. Welche Gewohnheit hast du so verinnerlicht, dass du denkst, du könntest sie niemals loslassen – und was wäre, wenn doch?

98. Stell dir vor, du könntest heute eine alte Geschichte in deinem Leben „abschließen". Welche wäre es und wie würdest du das tun?

99. Stell dir vor, du stehst an einer Weggabelung. Was müsstest du loslassen, um weiterzugehen?

☀️ PS: Ziehe und verbrenne deinen elften Wunsch. Übergib ihn dem Universum, indem du seine Asche dem Wind überlässt.

Nutze die folgenden Seiten, um deine Gedanken und Gefühle zu dieser Rauhnacht festzuhalten. Was hast du in dieser Nacht losgelassen? Wie fühlst du dich nach diesem Abschied? Welche Transformation hat in dir begonnen, und wie möchtest du diese Wandlung in den kommenden Monaten weiterführen? Schreibe alles nieder, was in dir aufsteigt, und spüre die Freiheit, die das Loslassen mit sich bringt.

RAUHNACHT:
5. Januar

Aufbruch in die Weite des Lebens

Mit der zwölften Rauhnacht erreichst du den Höhepunkt deiner Reise durch die Rauhnächte. Dies ist die Nacht des **Aufbruchs** und der **Entfaltung**. Alles, was du in den vergangenen Nächten reflektiert, losgelassen und neu geordnet hast, mündet jetzt in einen Moment der **Expansion** – der Ausweitung deiner Möglichkeiten und der Öffnung für das, was vor dir liegt. Du darfst die Weisheit, die du gesammelt hast, nutzen, um dich in neue Abenteuer und größere Räume zu begeben.

DIE BEDEUTUNG DER ZWÖLFTEN RAUHNACHT

Diese Rauhnacht steht symbolisch für den **Monat Dezember**, einen Monat, der für den Abschluss des Jahres und zugleich für das Licht des Neubeginns steht. Der Dezember mag den tiefsten Winter bringen, aber er bereitet auch den Weg für das Licht, das langsam zurückkehrt. Er ist ein Monat, der die Weisheit der Vergangenheit mit der Hoffnung auf die Zukunft verbindet – genau wie du jetzt deine **Weisheit** aus den letzten Rauhnächten mit in das neue Jahr nimmst.

Der **Schütze**, der den Dezember regiert, ist ein Zeichen des **Wachstums** und der **Weite**. Der Schütze strebt immer nach mehr – nach neuen Horizonten, neuen Erfahrungen und größerem Verständnis. Seine Energie fordert dich auf, deine **Weisheit** in die Welt hinauszutragen und das Leben mit offenen Armen zu empfangen. Diese Nacht erinnert dich daran, dass du mehr bist, als du vielleicht denkst, und dass du die Kraft hast, deine Ziele zu erweitern, deine Träume zu entfalten und dein Leben in all seiner Fülle zu erfahren.

DAS RITUAL DER ZWÖLFTEN RAUHNACHT:

Entfaltung und Expansion

In dieser Nacht liegt der Fokus darauf, dich in deinem inneren und äußeren Raum zu entfalten. Es geht darum, die Weisheit, die du gesammelt hast, in Aktion zu verwandeln, dich mutig dem Leben zu stellen und die Grenzen, die du dir selbst gesetzt hast, zu überschreiten.

1. ✦ SCHAFFE EINEN RAUM FÜR ENTFALTUNG:

Zünde eine helle Kerze an, die das Licht des Schützen symbolisiert – das Licht, das dich nach vorne zieht, in die Weite des Lebens. Öffne die Fenster, lass frische Luft in den Raum strömen und stelle dir vor, wie sich mit jedem Atemzug auch deine innere Welt weitet. Dies ist deine Einladung, dich für neue Erfahrungen, neue Wege und neue Horizonte zu öffnen.

2. ✦ MEDITATION DER WEITE UND WEISHEIT:

Setze dich bequem hin, schließe die Augen und atme tief ein und aus. Stelle dir vor, dass du auf einem weiten, offenen Feld stehst. Der Himmel erstreckt sich über dir, klar und endlos. Du stehst an einem Punkt, an dem alle Möglichkeiten vor dir liegen. Spüre die Weite, die dich umgibt, und frage dich: *„Wo darf ich wachsen? Wo darf ich mich ausdehnen, um mein volles Potenzial zu leben?"* Fühle, wie deine innere Weite sich ausdehnt, und lasse die Antworten aus deinem Herzen aufsteigen.

3. ✦ SCHREIBE DEINE VISION DER EXPANSION AUF:

Nimm dein Tagebuch zur Hand und schreibe deine Vision für die kommenden Monate auf. Was möchtest du entfalten? Wo möchtest du aufbrechen und neue Wege gehen? Welche Weisheit nimmst du aus den letzten Nächten mit? Schreibe frei und ohne Begrenzungen. Lasse deine Gedanken fließen und erlaube dir, groß zu träumen. Der Schütze ermutigt dich, deine Visionen weit zu fassen und dich nicht zu scheuen, das Unbekannte zu umarmen.

4.✦ RITUAL DES AUFBRUCHS:

Um das Ritual abzuschließen, nimm einen Gegenstand, der für dich Weite und Expansion symbolisiert – vielleicht einen Stein, einen Federkiel oder etwas, das du mit Reisen oder Entdeckung verbindest. Halte diesen Gegenstand in deinen Händen und stelle dir vor, wie er dir die Kraft gibt, aufzubrechen und dich in neue Bereiche zu wagen. Sprich leise oder laut: *„Ich breche auf, um mein Leben in seiner ganzen Fülle zu erfahren. Ich wachse und dehne mich aus in das, was möglich ist."*

ZITAT DES TAGES:

**„Nur wer aufbricht,
kann neue Welten entdecken."**

– Unbekannt

Das Interview mit dir selbst:

100. Wo in deinem Leben möchtest du dich weiter entfalten und wachsen?

101. Wie kannst du die Weisheit, die du in den letzten Rauhnächten gesammelt hast, nutzen, um neue Ziele zu erreichen?

102. Stell dir vor, dein Leben ist ein Schiff und du bist der Kapitän. In welche unbekannten Gewässer würdest du jetzt aufbrechen?

103. Was wäre das größte Abenteuer, auf das du dich im neuen Jahr einlassen könntest?

104. Welche Grenze in deinem Leben möchtest du endlich überwinden, um dich frei zu fühlen?

105. Was in deinem Leben wartet nur darauf, sich auszudehnen, wenn du es endlich zulässt?

106. Welche „große Frage" in deinem Leben möchtest du im neuen Jahr beantworten?

107. Was hält dich davon ab, deine Visionen in die Tat umzusetzen – und wie kannst du diese Hürde überwinden?

108. Wenn du heute mutig genug wärst, das Leben in vollen Zügen zu leben – was wäre der erste Schritt?

-☀- **PS:** Ziehe und verbrenne deinen zwölften und damit letzten Wunsch. Übergib ihn dem Universum, indem du seine Asche dem Wind überlässt. Nun ist noch ein Wunsch-Zettelchen übrig. Nimm dieses aus der Schale heraus und falte es behutsam auf. Diesen Wunsch darfst du dir in diesem Jahr selbst erfüllen. Das Universum ist mächtig – du selbst hast aber auch mehr Macht als du vielleicht denkst, deine Träume und Wünsche wahr werden zu lassen. Viel Freude dabei!

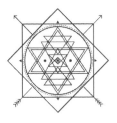

Notizen und Journal

Nutze die folgenden Seiten, um deine Gedanken und Gefühle zu dieser Rauhnacht festzuhalten. Was hast du in dieser Nacht über dich und deine Visionen erfahren? Welche Bereiche deines Lebens möchtest du im neuen Jahr entfalten? Welche Weisheit wird dich auf deinem weiteren Weg begleiten? Schreibe alles nieder, was dir in den Sinn kommt, und spüre die Kraft, die dich in die Weite führt.

RÜCKSCHAU

Die Rauhnächte sind vorbei, doch die Reise, die du in dieser magischen Zeit begonnen hast, begleitet dich durch das ganze Jahr. Dieses Template ist dein Werkzeug, um jeden Monat bewusst zu reflektieren, ob die Wünsche, die du in den Rauhnächten manifestiert hast, Wirklichkeit geworden sind. Es bietet dir die Möglichkeit, Monat für Monat innezuhalten, deine Erfolge zu feiern, Herausforderungen zu erkennen und dich neu auszurichten.

Für jeden Monat steht dir eine Übersicht bereit, die dir hilft, deine manifestierten Wünsche zu überprüfen und eine bewusste Rückschau auf die vergangenen Wochen zu halten. Es enthält Fragen, die dich tiefer in deine Selbstreflexion führen, um deine Fortschritte zu erkennen und die Balance in deinem Leben zu wahren.

SO NUTZT DU DAS TEMPLATE:

- Trage zu Beginn des Monats den Wunsch ein, den du in der jeweiligen Rauhnacht manifestiert hast.

- Am Ende des Monats fülle die Fragen aus, um deinen Wunsch und die Ereignisse des Monats zu reflektieren.

Januar

Neubeginn, Klarheit, Basis

Dies ist der Monat des Aufbruchs. Hier legst du das Fundament für das Jahr, schaffst Klarheit und richtest dich auf den Neubeginn aus.

1. REFLEKTION DER MANIFESTIERTEN WÜNSCHE

✦ **Was war mein Wunsch für diesen Monat während der Rauh-nächte?** *[Hier den Wunsch notieren, den du in der entsprechenden Rauhnacht manifestiert hast.]*

_____

_____

_____

_____

✦ **Ist dieser Wunsch in Erfüllung gegangen?**

○ Ja   ○ Nein   ○ Vielleicht

✦ **Wenn ja, in welcher Form hat sich der Wunsch erfüllt?**
[Beschreibe, was eingetreten ist.]

_____

_____

_____

_____

✦ Wenn der Wunsch nicht in Erfüllung gegangen ist, was könnte der Grund sein? *[Reflektiere, was blockierend gewirkt haben könnte.]*

_____

_____

_____

✦ Wie kann ich diesen Wunsch jetzt aktiv in mein Leben bringen? *[Notiere Schritte, die du unternehmen kannst, um den Wunsch weiter zu manifestieren.]*

_____

_____

_____

2. RÜCKBLICK AUF DEN MONAT

✦ Was waren die größten Höhepunkte und Erfolge dieses Monats? *[Erfolge, besondere Momente, Glücksmomente auflisten.]*

_____

_____

_____

✦ Gab es Herausforderungen oder Hindernisse, die aufgetreten sind? *[Reflektiere darüber, was nicht so gut lief.]*

_____

_____

✦ **Was habe ich in diesem Monat über mich selbst gelernt?**
[Notiere Erkenntnisse über dich selbst.]

....

....

....

....

✦ **Welche Überraschungen oder unerwarteten Wendungen hat dieser Monat gebracht?** *[Liste unerwartete Ereignisse auf.]*

....

....

....

....

✦ **Habe ich mich mit den Themen des Monats verbunden gefühlt? (siehe „Thema der Rauhnacht")**

○ Ja   ○ Nein   *(ggf. beschreiben, wie)*

....

....

....

....

Februar

Höheres Selbst, Innere Führung

Im Februar geht es darum, deiner inneren Stimme zu vertrauen und dich von deinem Höheren Selbst leiten zu lassen.

1. REFLEKTION DER MANIFESTIERTEN WÜNSCHE

✦ **Was war mein Wunsch für diesen Monat während der Rauh-nächte?** *[Hier den Wunsch notieren, den du in der entsprechenden Rauhnacht manifestiert hast.]*

_____

_____

_____

_____

✦ **Ist dieser Wunsch in Erfüllung gegangen?**

○ Ja   ○ Nein   ○ Vielleicht

✦ **Wenn ja, in welcher Form hat sich der Wunsch erfüllt?**
[Beschreibe, was eingetreten ist.]

_____

_____

_____

_____

✦ Wenn der Wunsch nicht in Erfüllung gegangen ist, was könnte der Grund sein? *[Reflektiere, was blockierend gewirkt haben könnte.]*

✦ Wie kann ich diesen Wunsch jetzt aktiv in mein Leben bringen? *[Notiere Schritte, die du unternehmen kannst, um den Wunsch weiter zu manifestieren.]*

---

2. RÜCKBLICK AUF DEN MONAT

✦ Was waren die größten Höhepunkte und Erfolge dieses Monats? *[Erfolge, besondere Momente, Glücksmomente auflisten.]*

✦ Gab es Herausforderungen oder Hindernisse, die aufgetreten sind? *[Reflektiere darüber, was nicht so gut lief.]*

✦ **Was habe ich in diesem Monat über mich selbst gelernt?** *[Notiere Erkenntnisse über dich selbst.]*

✦ **Welche Überraschungen oder unerwarteten Wendungen hat dieser Monat gebracht?** *[Liste unerwartete Ereignisse auf.]*

✦ **Habe ich mich mit den Themen des Monats verbunden gefühlt? (siehe „Thema der Rauhnacht")**

○ Ja   ○ Nein   *(ggf. beschreiben, wie)*

März

Herzöffnung, Wunder

Dieser Monat ist eine Einladung, dein Herz zu öffnen, Wunder zu empfangen und die Liebe in deinem Leben zu vermehren.

1. REFLEKTION DER MANIFESTIERTEN WÜNSCHE

✦ **Was war mein Wunsch für diesen Monat während der Rauhnächte?** *[Hier den Wunsch notieren, den du in der entsprechenden Rauhnacht manifestiert hast.]*

_____

_____

_____

_____

✦ **Ist dieser Wunsch in Erfüllung gegangen?**

○ Ja   ○ Nein   ○ Vielleicht

✦ **Wenn ja, in welcher Form hat sich der Wunsch erfüllt?**
[Beschreibe, was eingetreten ist.]

_____

_____

_____

_____

✦ Wenn der Wunsch nicht in Erfüllung gegangen ist, was könnte der Grund sein? *[Reflektiere, was blockierend gewirkt haben könnte.]*

_____

_____

_____

_____

✦ Wie kann ich diesen Wunsch jetzt aktiv in mein Leben bringen? *[Notiere Schritte, die du unternehmen kannst, um den Wunsch weiter zu manifestieren.]*

_____

_____

_____

_____

2. RÜCKBLICK AUF DEN MONAT

✦ Was waren die größten Höhepunkte und Erfolge dieses Monats? *[Erfolge, besondere Momente, Glücksmomente auflisten.]*

_____

_____

_____

✦ Gab es Herausforderungen oder Hindernisse, die aufgetreten sind? *[Reflektiere darüber, was nicht so gut lief.]*

_____

_____

✦ **Was habe ich in diesem Monat über mich selbst gelernt?**
[Notiere Erkenntnisse über dich selbst.]

....

....

....

....

✦ **Welche Überraschungen oder unerwarteten Wendungen hat dieser Monat gebracht?** *[Liste unerwartete Ereignisse auf.]*

....

....

....

✦ **Habe ich mich mit den Themen des Monats verbunden ge-fühlt? (siehe „Thema der Rauhnacht")**

○ Ja   ○ Nein   *(ggf. beschreiben, wie)*

....

....

....

....

April

Transformation, Aufbruch

Der April bringt Wandel und Veränderung. Es ist Zeit, alte Muster loszulassen und neu durchzustarten.

1. REFLEKTION DER MANIFESTIERTEN WÜNSCHE

✦ **Was war mein Wunsch für diesen Monat während der Rauhnächte?** *[Hier den Wunsch notieren, den du in der entsprechenden Rauhnacht manifestiert hast.]*

_____

_____

_____

_____

✦ **Ist dieser Wunsch in Erfüllung gegangen?**

○ Ja   ○ Nein   ○ Vielleicht

✦ **Wenn ja, in welcher Form hat sich der Wunsch erfüllt?**
[Beschreibe, was eingetreten ist.]

_____

_____

_____

_____

✦ Wenn der Wunsch nicht in Erfüllung gegangen ist, was könnte der Grund sein? *[Reflektiere, was blockierend gewirkt haben könnte.]*

_____

_____

_____

✦ Wie kann ich diesen Wunsch jetzt aktiv in mein Leben bringen? *[Notiere Schritte, die du unternehmen kannst, um den Wunsch weiter zu manifestieren.]*

_____

_____

_____

2. RÜCKBLICK AUF DEN MONAT

✦ Was waren die größten Höhepunkte und Erfolge dieses Monats? *[Erfolge, besondere Momente, Glücksmomente auflisten.]*

_____

_____

_____

✦ Gab es Herausforderungen oder Hindernisse, die aufgetreten sind? *[Reflektiere darüber, was nicht so gut lief.]*

_____

_____

✦ **Was habe ich in diesem Monat über mich selbst gelernt?** *[Notiere Erkenntnisse über dich selbst.]*

✦ **Welche Überraschungen oder unerwarteten Wendungen hat dieser Monat gebracht?** *[Liste unerwartete Ereignisse auf.]*

✦ **Habe ich mich mit den Themen des Monats verbunden gefühlt? (siehe „Thema der Rauhnacht")**

○ Ja   ○ Nein   *(ggf. beschreiben, wie)*

Mai

Freundschaft, Selbstliebe

Im Mai geht es um die Verbindung zu dir selbst und anderen. Selbstliebe und authentische Freundschaften stehen im Mittelpunkt.

1. REFLEKTION DER MANIFESTIERTEN WÜNSCHE

✦ **Was war mein Wunsch für diesen Monat während der Rauhnächte?** *[Hier den Wunsch notieren, den du in der entsprechenden Rauhnacht manifestiert hast.]*

✦ **Ist dieser Wunsch in Erfüllung gegangen?**

○ Ja ○ Nein ○ Vielleicht

✦ **Wenn ja, in welcher Form hat sich der Wunsch erfüllt?** *[Beschreibe, was eingetreten ist.]*

✦ **Wenn der Wunsch nicht in Erfüllung gegangen ist, was könnte der Grund sein?** *[Reflektiere, was blockierend gewirkt haben könnte.]*

_____

_____

_____

✦ **Wie kann ich diesen Wunsch jetzt aktiv in mein Leben bringen?** *[Notiere Schritte, die du unternehmen kannst, um den Wunsch weiter zu manifestieren.]*

_____

_____

_____

2. RÜCKBLICK AUF DEN MONAT

✦ **Was waren die größten Höhepunkte und Erfolge dieses Monats?** *[Erfolge, besondere Momente, Glücksmomente auflisten.]*

_____

_____

_____

✦ **Gab es Herausforderungen oder Hindernisse, die aufgetreten sind?** *[Reflektiere darüber, was nicht so gut lief.]*

_____

_____

✦ **Was habe ich in diesem Monat über mich selbst gelernt?**
[Notiere Erkenntnisse über dich selbst.]

✦ **Welche Überraschungen oder unerwarteten Wendungen hat dieser Monat gebracht?** *[Liste unerwartete Ereignisse auf.]*

✦ **Habe ich mich mit den Themen des Monats verbunden gefühlt? (siehe „Thema der Rauhnacht")**

○ Ja   ○ Nein   *(ggf. beschreiben, wie)*

Juni

Balance, Bereinigung, Rückschau

Der Juni ist der Monat der Balance. Es ist eine Zeit der Reinigung, der Rückschau und des inneren Ausgleichs.

1. REFLEKTION DER MANIFESTIERTEN WÜNSCHE

✦ **Was war mein Wunsch für diesen Monat während der Rauhnächte?** *[Hier den Wunsch notieren, den du in der entsprechenden Rauhnacht manifestiert hast.]*

_____

_____

_____

_____

✦ **Ist dieser Wunsch in Erfüllung gegangen?**

○ Ja ○ Nein ○ Vielleicht

✦ **Wenn ja, in welcher Form hat sich der Wunsch erfüllt?** *[Beschreibe, was eingetreten ist.]*

_____

_____

_____

✦ **Wenn der Wunsch nicht in Erfüllung gegangen ist, was könnte der Grund sein?** *[Reflektiere, was blockierend gewirkt haben könnte.]*

✦ **Wie kann ich diesen Wunsch jetzt aktiv in mein Leben bringen?** *[Notiere Schritte, die du unternehmen kannst, um den Wunsch weiter zu manifestieren.]*

----

2. RÜCKBLICK AUF DEN MONAT

✦ **Was waren die größten Höhepunkte und Erfolge dieses Monats?** *[Erfolge, besondere Momente, Glücksmomente auflisten.]*

✦ **Gab es Herausforderungen oder Hindernisse, die aufgetreten sind?** *[Reflektiere darüber, was nicht so gut lief.]*

✦ **Was habe ich in diesem Monat über mich selbst gelernt?**
[Notiere Erkenntnisse über dich selbst.]

✦ **Welche Überraschungen oder unerwarteten Wendungen hat dieser Monat gebracht?** *[Liste unerwartete Ereignisse auf.]*

✦ **Habe ich mich mit den Themen des Monats verbunden gefühlt? (siehe „Thema der Rauhnacht")**

○ Ja   ○ Nein   *(ggf. beschreiben, wie)*

Juli

Gefühle, Weiblichkeit, Innere Kinder

Im Juli verbindest du dich mit deiner emotionalen Seite, deiner weiblichen Kraft und deinem inneren Kind.

1. REFLEKTION DER MANIFESTIERTEN WÜNSCHE

✦ **Was war mein Wunsch für diesen Monat während der Rauhnächte?** *[Hier den Wunsch notieren, den du in der entsprechenden Rauhnacht manifestiert hast.]*

_____

_____

_____

_____

✦ **Ist dieser Wunsch in Erfüllung gegangen?**

○ Ja   ○ Nein   ○ Vielleicht

✦ **Wenn ja, in welcher Form hat sich der Wunsch erfüllt?** *[Beschreibe, was eingetreten ist.]*

_____

_____

_____

_____

✦ Wenn der Wunsch nicht in Erfüllung gegangen ist, was könnte der Grund sein? *[Reflektiere, was blockierend gewirkt haben könnte.]*

_____

_____

_____

✦ Wie kann ich diesen Wunsch jetzt aktiv in mein Leben bringen? *[Notiere Schritte, die du unternehmen kannst, um den Wunsch weiter zu manifestieren.]*

_____

_____

_____

2. RÜCKBLICK AUF DEN MONAT

✦ Was waren die größten Höhepunkte und Erfolge dieses Monats? *[Erfolge, besondere Momente, Glücksmomente auflisten.]*

_____

_____

_____

✦ Gab es Herausforderungen oder Hindernisse, die aufgetreten sind? *[Reflektiere darüber, was nicht so gut lief.]*

_____

_____

✦ **Was habe ich in diesem Monat über mich selbst gelernt?**
[Notiere Erkenntnisse über dich selbst.]

✦ **Welche Überraschungen oder unerwarteten Wendungen hat dieser Monat gebracht?** *[Liste unerwartete Ereignisse auf.]*

✦ **Habe ich mich mit den Themen des Monats verbunden gefühlt? (siehe „Thema der Rauhnacht")**

○ Ja   ○ Nein   *(ggf. beschreiben, wie)*

August

Selbstausdruck, Verwirklichung

Der August steht für die Entfaltung und den Ausdruck deines wahren Selbst. Deine Visionen nehmen Gestalt an.

1. REFLEKTION DER MANIFESTIERTEN WÜNSCHE

✦ **Was war mein Wunsch für diesen Monat während der Rauhnächte?** *[Hier den Wunsch notieren, den du in der entsprechenden Rauhnacht manifestiert hast.]*

✦ **Ist dieser Wunsch in Erfüllung gegangen?**

◯ Ja ◯ Nein ◯ Vielleicht

✦ **Wenn ja, in welcher Form hat sich der Wunsch erfüllt?**
[Beschreibe, was eingetreten ist.]

✦ **Wenn der Wunsch nicht in Erfüllung gegangen ist, was könnte der Grund sein?** *[Reflektiere, was blockierend gewirkt haben könnte.]*

✦ **Wie kann ich diesen Wunsch jetzt aktiv in mein Leben bringen?** *[Notiere Schritte, die du unternehmen kannst, um den Wunsch weiter zu manifestieren.]*

---

2. RÜCKBLICK AUF DEN MONAT

✦ **Was waren die größten Höhepunkte und Erfolge dieses Monats?** *[Erfolge, besondere Momente, Glücksmomente auflisten.]*

✦ **Gab es Herausforderungen oder Hindernisse, die aufgetreten sind?** *[Reflektiere darüber, was nicht so gut lief.]*

✦ **Was habe ich in diesem Monat über mich selbst gelernt?**
[Notiere Erkenntnisse über dich selbst.]

✦ **Welche Überraschungen oder unerwarteten Wendungen hat dieser Monat gebracht?** *[Liste unerwartete Ereignisse auf.]*

✦ **Habe ich mich mit den Themen des Monats verbunden gefühlt? (siehe „Thema der Rauhnacht")**

○ Ja   ○ Nein   *(ggf. beschreiben, wie)*

September

Ordnung, Struktur, Geduld

Im September bringst du Ordnung in dein Leben und schaffst klare Strukturen, die dich voranbringen.

1. REFLEKTION DER MANIFESTIERTEN WÜNSCHE

✦ **Was war mein Wunsch für diesen Monat während der Rauhnächte?** *[Hier den Wunsch notieren, den du in der entsprechenden Rauhnacht manifestiert hast.]*

_____

_____

_____

_____

✦ **Ist dieser Wunsch in Erfüllung gegangen?**

○ Ja   ○ Nein   ○ Vielleicht

✦ **Wenn ja, in welcher Form hat sich der Wunsch erfüllt?**
[Beschreibe, was eingetreten ist.]

_____

_____

_____

_____

✦ Wenn der Wunsch nicht in Erfüllung gegangen ist, was könnte der Grund sein? *[Reflektiere, was blockierend gewirkt haben könnte.]*

✦ Wie kann ich diesen Wunsch jetzt aktiv in mein Leben bringen? *[Notiere Schritte, die du unternehmen kannst, um den Wunsch weiter zu manifestieren.]*

---

2. RÜCKBLICK AUF DEN MONAT

✦ Was waren die größten Höhepunkte und Erfolge dieses Monats? *[Erfolge, besondere Momente, Glücksmomente auflisten.]*

✦ Gab es Herausforderungen oder Hindernisse, die aufgetreten sind? *[Reflektiere darüber, was nicht so gut lief.]*

✦ **Was habe ich in diesem Monat über mich selbst gelernt?** *[Notiere Erkenntnisse über dich selbst.]*

✦ **Welche Überraschungen oder unerwarteten Wendungen hat dieser Monat gebracht?** *[Liste unerwartete Ereignisse auf.]*

✦ **Habe ich mich mit den Themen des Monats verbunden gefühlt? (siehe „Thema der Rauhnacht")**

○ Ja   ○ Nein   *(ggf. beschreiben, wie)*

Oktober

Weisheit, Balance, Harmonie

Dies ist der Monat, in dem du die Weisheit der letzten Monate nutzen kannst, um Harmonie und Ausgleich zu finden.

1. REFLEKTION DER MANIFESTIERTEN WÜNSCHE

✦ **Was war mein Wunsch für diesen Monat während der Rauhnächte?** *[Hier den Wunsch notieren, den du in der entsprechenden Rauhnacht manifestiert hast.]*

_____

_____

_____

_____

✦ **Ist dieser Wunsch in Erfüllung gegangen?**

○ Ja   ○ Nein   ○ Vielleicht

✦ **Wenn ja, in welcher Form hat sich der Wunsch erfüllt?**
[Beschreibe, was eingetreten ist.]

_____

_____

_____

_____

✦ Wenn der Wunsch nicht in Erfüllung gegangen ist, was könnte der Grund sein? *[Reflektiere, was blockierend gewirkt haben könnte.]*

✦ Wie kann ich diesen Wunsch jetzt aktiv in mein Leben bringen? *[Notiere Schritte, die du unternehmen kannst, um den Wunsch weiter zu manifestieren.]*

---

2. RÜCKBLICK AUF DEN MONAT

✦ Was waren die größten Höhepunkte und Erfolge dieses Monats? *[Erfolge, besondere Momente, Glücksmomente auflisten.]*

✦ Gab es Herausforderungen oder Hindernisse, die aufgetreten sind? *[Reflektiere darüber, was nicht so gut lief.]*

✦ **Was habe ich in diesem Monat über mich selbst gelernt?**
[Notiere Erkenntnisse über dich selbst.]

✦ **Welche Überraschungen oder unerwarteten Wendungen hat dieser Monat gebracht?** *[Liste unerwartete Ereignisse auf.]*

✦ **Habe ich mich mit den Themen des Monats verbunden gefühlt? (siehe „Thema der Rauhnacht")**

○ Ja   ○ Nein   *(ggf. beschreiben, wie)*

November

Transformation, Loslassen, Tod

Der November ist eine Zeit des Loslassens und der tiefen inneren Transformation, ein Ende, das Raum für einen neuen Anfang schafft.

1. REFLEKTION DER MANIFESTIERTEN WÜNSCHE

✦ **Was war mein Wunsch für diesen Monat während der Rauhnächte?** *[Hier den Wunsch notieren, den du in der entsprechenden Rauhnacht manifestiert hast.]*

_____

_____

_____

_____

✦ **Ist dieser Wunsch in Erfüllung gegangen?**

○ Ja   ○ Nein   ○ Vielleicht

✦ **Wenn ja, in welcher Form hat sich der Wunsch erfüllt?**
[Beschreibe, was eingetreten ist.]

_____

_____

_____

_____

✦ **Wenn der Wunsch nicht in Erfüllung gegangen ist, was könnte der Grund sein?** *[Reflektiere, was blockierend gewirkt haben könnte.]*

_____

_____

_____

✦ **Wie kann ich diesen Wunsch jetzt aktiv in mein Leben bringen?** *[Notiere Schritte, die du unternehmen kannst, um den Wunsch weiter zu manifestieren.]*

_____

_____

_____

2. RÜCKBLICK AUF DEN MONAT

✦ **Was waren die größten Höhepunkte und Erfolge dieses Monats?** *[Erfolge, besondere Momente, Glücksmomente auflisten.]*

_____

_____

_____

✦ **Gab es Herausforderungen oder Hindernisse, die aufgetreten sind?** *[Reflektiere darüber, was nicht so gut lief.]*

_____

_____

✦ **Was habe ich in diesem Monat über mich selbst gelernt?**
[Notiere Erkenntnisse über dich selbst.]

✦ **Welche Überraschungen oder unerwarteten Wendungen hat dieser Monat gebracht?** *[Liste unerwartete Ereignisse auf.]*

✦ **Habe ich mich mit den Themen des Monats verbunden gefühlt? (siehe „Thema der Rauhnacht")**

○ Ja   ○ Nein   *(ggf. beschreiben, wie)*

Dezember

Expansion, Entfaltung, Aufbruch

Der Dezember bringt dich an den Punkt, wo du das Gelernte anwendest und in deine volle Größe und Weite aufbrichst.

1. REFLEKTION DER MANIFESTIERTEN WÜNSCHE

✦ **Was war mein Wunsch für diesen Monat während der Rauhnächte?** *[Hier den Wunsch notieren, den du in der entsprechenden Rauhnacht manifestiert hast.]*

_____

_____

_____

_____

✦ **Ist dieser Wunsch in Erfüllung gegangen?**

○ Ja   ○ Nein   ○ Vielleicht

✦ **Wenn ja, in welcher Form hat sich der Wunsch erfüllt?**
[Beschreibe, was eingetreten ist.]

_____

_____

_____

_____

✦ **Wenn der Wunsch nicht in Erfüllung gegangen ist, was könnte der Grund sein?** *[Reflektiere, was blockierend gewirkt haben könnte.]*

✦ **Wie kann ich diesen Wunsch jetzt aktiv in mein Leben bringen?** *[Notiere Schritte, die du unternehmen kannst, um den Wunsch weiter zu manifestieren.]*

---

2. RÜCKBLICK AUF DEN MONAT

✦ **Was waren die größten Höhepunkte und Erfolge dieses Monats?** *[Erfolge, besondere Momente, Glücksmomente auflisten.]*

✦ **Gab es Herausforderungen oder Hindernisse, die aufgetreten sind?** *[Reflektiere darüber, was nicht so gut lief.]*

✦ **Was habe ich in diesem Monat über mich selbst gelernt?**
[Notiere Erkenntnisse über dich selbst.]

.

✦ **Welche Überraschungen oder unerwarteten Wendungen hat dieser Monat gebracht?** *[Liste unerwartete Ereignisse auf.]*

✦ **Habe ich mich mit den Themen des Monats verbunden gefühlt? (siehe „Thema der Rauhnacht")**

○ Ja ○ Nein *(ggf. beschreiben, wie)*

Schlusswort

DER WEG ZU DIR SELBST – EINE REISE OHNE ENDE

Während du dieses Buch schließt, endet deine Reise durch die Rauhnächte nicht wirklich. Du hast zwölf Nächte voller Reflexion, Magie und tiefer Verbundenheit mit dir selbst erlebt. Du hast dir Zeit genommen, innezuhalten, den Lärm des Alltags hinter dir zu lassen und Fragen zu stellen, die dich weitergebracht haben. Fragen, die dich zum Lachen, Staunen oder vielleicht sogar zum Weinen gebracht haben. Du hast deine Wünsche dem Universum übergeben, alte Lasten losgelassen und Raum für Neues geschaffen.

Aber hier, an diesem Punkt, wo das Buch endet, geht deine Reise weiter – **die Reise zu dir selbst ist niemals abgeschlossen.** Sie ist ein ständiger Fluss, ein Kreislauf aus Entdecken, Loslassen, Träumen und Erfüllen. Die Rauhnächte haben dir gezeigt, wie kraftvoll es sein kann, dir selbst zuzuhören und deine tiefsten Wünsche ernst zu nehmen. Sie haben dir eine Möglichkeit gegeben, mit dir selbst ins Gespräch zu gehen, deine eigenen Antworten zu finden und die Verbindung zu deinem inneren Kompass zu stärken.

DAS INTERVIEW MIT DIR SELBST GEHT WEITER

Die Gespräche, die du während der Rauhnächte mit dir selbst geführt hast, müssen hier nicht enden. Im Gegenteil: Die Rauhnächte haben dir einen Schlüssel in die Hand gegeben, den du nun immer wieder benutzen kannst, wann immer du ihn brauchst. Dieser Schlüssel öffnet die Tür zu dir selbst – ein Ort, den du jederzeit aufsuchen kannst, um innezuhalten, nachzudenken und deinen Weg neu auszurichten.

Das Interview mit dir selbst ist eine sanfte Erinnerung daran, dass **alle Antworten, die du suchst, in dir liegen.** Sie warten nur darauf, gehört zu werden. Diese Fähigkeit, dir selbst die richtigen Fragen zu stellen, kann dein ganzes Leben begleiten. Du kannst dieses innere Gespräch immer wieder aufnehmen – sei es am Ende eines Monats, eines Tages oder in einem besonderen Moment, in dem du das Bedürfnis verspürst, innezuhalten.

Es gibt keine festen Regeln, wie oft du dieses Gespräch führen solltest. Vielleicht gibt es Tage, an denen du tief in dich hineinschaust und neue Erkenntnisse gewinnst. Und vielleicht gibt es andere Tage, an denen du einfach nur einen kurzen Moment der Reflexion genießt. **Der Dialog mit dir selbst ist flexibel,** er passt sich dir an – genau so, wie du es brauchst.

DIE KRAFT DER RAUHNÄCHTE MIT INS NEUE JAHR NEHMEN

Die Rauhnächte haben dir gezeigt, wie wertvoll es ist, regelmäßig innezuhalten und dich neu auszurichten. Sie sind ein Geschenk – eine Art „Reset-Knopf", der dir ermöglicht, das alte Jahr abzuschließen und dich mit neuer Klarheit auf das Kommende vorzubereiten. Doch auch wenn die Rauhnächte eine ganz besondere Zeit des Jahres sind, kannst du diese Energie das ganze Jahr über für dich nutzen.

Nimm dir immer wieder Zeit für Momente der Stille und Reflexion. Du brauchst nicht auf die nächsten Rauhnächte zu warten, um dich wieder mit deinen Wünschen zu verbinden oder dir deine Ziele bewusst zu machen. Jeder Monat, jede Woche und jeder Tag können eine Gelegenheit sein, dich neu auszurichten, alte Muster loszulassen und das Leben zu erschaffen, das du dir wirklich wünschst.

Es ist die **Kraft des Augenblicks,** die dich mit deiner inneren Weisheit verbindet. Wann immer du das Gefühl hast, deinen Fokus zu verlieren, halte inne und erinnere dich an das, was du in den Rauhnächten gelernt hast: **Alles beginnt mit dir.** Deine Träume, deine Visionen, deine Wünsche – sie alle entspringen aus deinem Inneren und warten nur darauf, dass du sie erkennst und in die Welt bringst.

SEI DIE SCHÖPFER/IN DEINES LEBENS

Eine der wertvollsten Erkenntnisse, die du aus den Rauhnächten mitnehmen kannst, ist die Gewissheit, dass **du die Schöpfer/in deines Lebens bist.** Du hast in der Hand, wie dein Weg aussieht, welche Träume du verwirklichst und welche Wünsche du dem Universum anvertraust. Das Ritual der 13 Wünsche hat dir gezeigt, wie kraftvoll es sein kann, deine Visionen zu formulieren und sie loszulassen – in dem Vertrauen, dass sich alles fügen wird, wie es für dich richtig ist.

Doch der 13. Wunsch, der übrig geblieben ist, erinnert dich daran, dass nicht alles in den Händen des Universums liegt. **Manche Wünsche musst du dir selbst erfüllen.** Es ist deine Aufgabe, den Mut zu finden, diese Schritte zu gehen – auch wenn sie manchmal herausfordernd sind. Erinnere dich daran, dass du alles in dir trägst, was du brauchst, um deine Träume Wirklichkeit werden zu lassen.

ABSCHLIESSEND: DANKE, DASS DU DIESE REISE AN-GETRETEN BIST

Zum Schluss möchte ich dir danken – dafür, dass du dir selbst die Zeit und den Raum geschenkt hast, diese Reise durch die Rauhnächte zu machen. Es war eine Reise zu dir selbst, eine Zeit der Reflexion, der Heilung und der Entfaltung. Mögen die Weisheit und die Klarheit, die du gewonnen hast, dich durch das ganze Jahr begleiten.

Und wenn du irgendwann im Laufe des Jahres das Gefühl hast, innehalten zu müssen, dann weißt du jetzt, dass du jederzeit zu dir selbst zurückkehren kannst. Die Tür steht immer offen.

Von ganzem Herzen wünsche ich dir ein erfülltes, glückliches und magisches neues Jahr –

voller Wunder, Weisheit und Selbstliebe.

★

1. Auflage 2024
Copyright © 2024 Mara-Sophie Lück

Die Autorin wird vertreten durch:
Jasmin Raif
Gründauer Straße 18
63584 Gründau

Covergestaltung und Satz: Sprudelkopf Design – www.sprudelkoepfe.com
Umschlagmotiv: iStockphoto © Pobytov, Falookii, justdd und Depositphotos © pellinni
Abbildungen und Illustrationen im Innenteil: iStockphoto © kaer_istock, ricorico, shadrin_andrey, Egor Suvorov, GettyTim82, nata789

Verantwortlich für den Druck: Amazon Distribution GmbH

ISBN Taschenbuch: 978-3-911576-03-1
ISBN Gebundene Ausgabe: 978-3-911576-04-8

Hinweis
Die Benutzung dieses Buches und die Umsetzung der darin enthaltenen Informationen erfolgt ausdrücklich auf eigenes Risiko. Der Verlag und auch der Autor können für etwaige Unfälle und Schäden jeder Art, die sich beim Durchführen der in diesem Buch aufgeführten Übungen ergeben (zum Beispiel aufgrund fehlender Sicherheitshinweise), aus keinem Rechtsgrund eine Haftung übernehmen. Haftungsansprüche gegen den Verlag und den Autor für Schäden materieller oder ideeller Art, die durch die Nutzung oder Nichtnutzung der Informationen bzw. durch die Nutzung fehlerhafter und/oder unvollständiger Informationen verursacht wurden, sind grundsätzlich ausgeschlossen. Rechts- und Schadenersatzansprüche sind daher ausgeschlossen. Das Werk inklusive aller Inhalte wurde unter größter Sorgfalt erarbeitet.

Printed in Poland
by Amazon Fulfillment
Poland Sp. z o.o., Wrocław

41947652R00106